F. Apfelstedt

Beschreibende Darstellung der älteren Bau-und Kunstdenkmäler

des Fürstenthums Schwarzburg-Sondershausen

F. Apfelstedt

Beschreibende Darstellung der älteren Bau-und Kunstdenkmäler des Fürstenthums Schwarzburg-Sondershausen

ISBN/EAN: 9783742896100

Hergestellt in Europa, USA, Kanada, Australien, Japan

Cover: Foto ©ninafisch / pixelio.de

Manufactured and distributed by brebook publishing software (www.brebook.com)

F. Apfelstedt

Beschreibende Darstellung der älteren Bau-und Kunstdenkmäler

des Fürstenthums Schwarzburg-Sondershausen

Inhalt.

Inhalt.

Einleitung.

Die Unterherrschaft des Fürstenthums Schwarzburg-Sondershausen ist bezüglich ihrer physischen Beschaffenheit ein Hügelland. Ihre Nordgrenze, links von der Wipper, bildet ein von W. kommender kleiner Höhenzug, der, von einigen Thaleinschnitten unterbrochen, sich einerseits der Wipper entlang fortsetzt, andererseits in einem Nebenzweige sich erst nördlich, dann östlich wendend als Kyffhäusergebirge endet. — Rechts von der Wipper zieht sich durch den ganzen Landestheil die Hainleite, welche nach N. mehrere kurze abgerundete Ausläufer hat und samt denselben ziemlich steil abfällt, dagegen nach S. in das Thal der Helbe sich meistens so allmählich abdacht, dass sie hier und da kleine Hochebenen bildet. — Die Südgrenze der Unterherrschaft, rechts von der Helbe, befindet sich ziemlich im Scheitelpunkte einer Landhöhe, welche, westlich von Allmenhausen anhebend, sich bis über Rohnstedt hinaus erstreckt und im sog. Horn — der Hornberg 347 m hoch — ihren höchsten Punkt erreicht.

Zwischen dem erstgenannten Höhenzuge und der Hainleite zieht sich das zwar enge, aber reizende Wipperthal hin, in welches bei Sondershausen von SW. her das gleich schöne Thal der Bebra mündet, während die Helbe, nachdem sie sich von ihrer Quelle an durch ein enges, aber sehr anmuthiges Thal inmitten der Hainleite in vielen Krümmungen hindurchgewunden hat, in ein ziemlich breites, aber meistens einförmiges Thal zwischen der Hainleite und der erwähnten südlichen Landhöhe eintritt, welches sich bei Greussen zu einer ausgedehnten Ebene erweitert, von welcher aber nur ein kleiner Theil unserer Unterherrschaft angehört. —

Ueber die geognostischen Verhältnisse der Unterherrschaft ist im Allgemeinen Folgendes zu bemerken.

Die ältesten Gesteine der Ablagerungen in dem unterherrschaftlichen Landestheile beginnen in der nordöstlichen Ecke derselben unterhalb der Numburg an der preussischen Grenze mit dem oberen Rothtodtliegenden. Diese Gebirgsart ist in merkwürdig kurzer Reihenfolge von dem Grauliegenden, dem Mergel- oder Kupferschiefer und dem Zechsteine in nur wenige Fuss starken Schichten überlagert. Wechsellagernd ruhen darüber der Zechsteingyps, Zechsteindolomite und Zechsteinstinkkalk. Diese Zechsteingruppe bildet die nicht unbedeutenden Erhebungen nördlich von Badra. Von hier an tritt die an Tiefe mächtigste Formation in unserem Landestheile, der bunte Sandstein, auf, welcher mit seinem Höhenzuge nördlich der Wipper sich hinzieht. Seine Berge sind fast ausnahmslos von den Schichten des mittleren bunten Sandsteines zusammengesetzt. In dem losen Gestein desselben hat sich die Wipper ihr Bett gesucht und verlässt dieses erst bei Seega, rechtwinkelig von ihrer Laufrichtung abbiegend, weil sie dort einen Einschnitt durch die Hainleite

1

hindurch vorfand, welcher ihrem Abflusse bequemer diente. — Dem mittleren bunten Sande reiht sich der obere, der sog. Röth, an. Seine thonigen Massen bilden überall die Unterlage des Hainleiter Muschelkalkgebirges, in welchem die unteren, mittleren und oberen Schichten dieser Kalkformation auftreten. — In der südlichen Richtung von der Hainleite aus ist der obere Muschelkalk mit Keuperschichten, die aus sandigen, kalkigen, thonigen und bunten mergeligen Ablagerungen bestehen, in kleinerem oder grösserem Zusammenhange bis zur Landesgrenze überlagert.

Von jüngeren Gebilden kommen Braun- und Lettenkohle in Nestern und als fortdauernde Gesteinbildung der Süsswasserkalk vereinzelt vor.

Diluvium mit Findlingen, ältere und jüngere Flussaluvionen, Bergschutt, Verwitterungsboden und abgeschwemmte Bodenmassen bilden mit grösserer oder geringerer Mächtigkeit die im Ganzen recht fruchtbare Bodenoberfläche des unterherrschaftlichen Landestheiles. —

Die grösste Ausdehnung der Unterherrschaft beträgt in gerader Richtung von W. (Keula) nach O. (Niederbösa) 39 km und von N. (Grossfurra) nach S. (Rohnstedt) 25 km; sie bildet aber kein abgerundetes Ganze, indem sich preussische, schwarzburg-rudolstädtische und sachsen-gothaische Landestheile in dieselbe erstrecken.

Der Flächeninhalt beträgt 520 qkm mit 37 934 Einwohnern — nach der Volkszählung vom 1. December 1885 — in 3 Städten, 4 Stadt- und Marktflecken, 43 Dörfern und gegen 60 einzeln gelegenen Gütern, Fabriken, Mühlen, Ziegeleien, Gasthäusern etc.

Zum erstenmal tritt das Gebiet, aus welchem jetzt die Unterherrschaft besteht, aus seiner Verborgenheit hervor nach der Schlacht bei Burgscheidungen 524 (530), in welcher der König Hermanfried von Thüringen von den Franken unter Beihülfe der Sachsen besiegt und seinem Reiche ein Ende gemacht wurde. Als Lohn für ihren Beistand erhielten die Sachsen den zwischen der Unstrut und dem Harze gelegenen Theil des eroberten Landes (Nordthüringen), mit Ausnahme der Salzquelle bei der nachmaligen Stadt Frankenhausen, und somit auch das Gebiet unserer Unterherrschaft. Zu den ersten Orten, welche die Sachsen in dem neuerworbenen Lande gründeten, um sich dasselbe zu sichern, gehörte unstreitig Sondershausen, und dieses wurde jedenfalls auch bald der Hauptort in dem dasselbe umgebenden Gebiete.

Wie an anderen Orten ihres neuen Landestheiles setzten die Sachsen wohl auch zu Sondershausen einen Voigt (Amtmann, Statthalter) ein, der in ihrem Namen das ihm anvertraute Gebiet zu verwalten hatte; doch mag derselbe durch die Zeitumstände begünstigt, indem zwischen den Sachsen und Franken bald allerlei Reibungen entstanden, allmählich völlige Unabhängigkeit erlangt haben. Wenigstens finden wir die Herrschaft Sondershausen schon frühzeitig im Besitze eines Dynastengeschlechts, der Freiherren von Sondershausen. Erst diesem Freiherrengeschlecht mag auch wohl die Burg ihren Ursprung verdanken, welche auf derselben Anhöhe lag, auf welcher das jetzige fürstliche Schloss steht. Im Jahre 1248 starben die Freiherren von Sondershausen aus; doch ein Rittergeschlecht gleichen Namens kommt noch bis ins 16. Jahrhundert in der Herrschaft Sondershausen vor.

Nach dem Aussterben der gen. Dynasten bemächtigte sich der Graf Albert von Schwarzburg der Herrschaft Sondershausen; sie wurde ihm jedoch bereits 1260 durch den Grafen Heinrich II. von Honstein wieder entrissen. Fast ein Jahrhundert lang blieb diese Herrschaft bei dem Hause Honstein; in den übrigen Theilen der jetzigen Unterherrschaft aber waren gleichzeitig die Grafen von Kirchberg, von Beichlingen und von Gleichen begütert, sowie mehrere Orte derselben den Stiften Mainz, Hersfeld, Fulda, Gandersheim und den Landgrafen von Thüringen lehnbar waren. — Die Besitzungen der vorgen. Grafen kamen durch Kauf, Erbverträge und Belehnung allmählich insgesamt an die Grafen von Honstein, Herren zu Sondershausen, und nach deren Aussterben 1356 fiel die in solcher Weise vergrösserte Grafschaft Honstein zufolge eines Erbvertrags an die Grafen Heinrich und Günther von Schwarzburg.

Fast zweihundert Jahre, von 1356 bis 1552, war die jetzige Unterherrschaft nur ein Theil des gesamten schwarzburgischen Landes, indem die Grafen von Schwarzburg noch andere Besitzungen an und auf dem Thüringerwalde besassen. Erst nach dem Tode des Grafen Günther XL., 1552, welchem nach und nach alle schwarzburgischen Besitzungen zugefallen waren — darum der Reiche oder mit dem fetten Maule genannt —, wurde die jetzige Unterherrschaft unter dessen zweitem Sohne, Hans Günther, eine für sich bestehende Grafschaft, während die drei anderen Söhne, die Grafen Günther XLI. (Bellicosus), Wilhelm und Albert oder Albrecht, sich in die übrigen schwarzburgischen Besitzungen theilten. Nach dem kinderlosen Absterben Günther's XLI. (1583) und Wilhelm's (1598) fielen deren Besitzungen an die Söhne resp. Enkel des Grafen Hans Günther und an den Grafen Albrecht, welche die ererbten Besitzungen so unter sich theilten, dass ihre beiden Grafschaften aus je einem unterherrschaftlichen und oberherrschaftlichen Theile bestanden; die der ersteren führt von da ab den Namen Schwarzburg-Sondershausen, die des letzteren den Namen Schwarzburg-Rudolstadt.

Vor Einführung der Primogenitur wurde die schwarzburg-sondershäusische Unterherrschaft zu Zeiten wieder getheilt, so dass sie einstmals in einen sondershäuser, einen ebeleber und einen kenlaer Landestheil zerfiel, bis endlich zu Anfang des achtzehnten Jahrhunderts zufolge des vom Fürsten Christian Wilhelm eingeführten Primogeniturrechts jeder neuen Theilung ein Ziel gesetzt wurde.

Im ersten Viertel des neunzehnten Jahrhunderts wurde auch die bis dahin auf einem grossen Theile Schwarzburgs und namentlich auf unserer Unterherrschaft lastende Oberlehnsherrlichkeit der kurfürstlich- und herzoglich-sächsischen Häuser durch Abtretung einiger Landestheile abgelöst; doch erhielt dabei unsere Unterherrschaft zur völligen Ausgleichung die bis dahin kurfürstlich-sächsischen Gerichtsorte Bendeleben und Grossfurra.

Die verschiedenen kleinen Gebiete — Herrschaften, Grafschaften —, welche, wie vorstehend berichtet, erst nach und nach in unserer Unterherrschaft zu einem Ganzen verschmolzen wurden, finden wir indessen Jahrhunderte früher schon einmal auf lange Zeit mit einander verbunden, nämlich durch die Gauverfassung, durch welche Deutschland vom 7. bis zum 11. Jahrhundert behufs seiner Verwaltung, Rechtspflege und Kriegsverfassung in gewisse Distrikte eingetheilt wurde, welche man Gaue nannte, und solchen Gauen gehörten damals auch die einzelnen Gebiete der jetzigen Unterherrschaft an, nämlich dem Wippergau, Nabelgau, Engilin, Altgau und Winidon.

Ueber die Lage, den Umfang und die Grenzen der betr. Gaue sind aber die Ansichten derjenigen, welche über dieselben geschrieben haben — Wenck, Hessische Landesgeschichte (Frankfurt und Leipzig 1789), Leutsch, Markgraf Gero etc. (Leipzig,

1*

1828), Wersebe, Beschreibung der Gauen zwischen Elbe, Saale und Unstrut etc. (Hannover, 1829), Böttger, Diöcesan- und Gaugrenzen (Halle, 1875), — so verschieden, dass sich, um zu einem sicheren Resultate zu gelangen, eine sorgfältige Prüfung derselben nöthig machte. Diese wurde auf Grund der unten näher beschriebenen Untersuchung*) bewirkt, und danach sind die Lage, der Umfang und die Grenzen der betr. Gaue berichtigt worden, so dass sie in nachbeschriebener Gestalt vor uns stehen.

*) Die Gaue wurden in der Regel nach natürlichen Grenzen, nach Gebirgen, Thälern, Flüssen und Wäldern gebildet. Welche Ortschaften aber einst in einem bestimmten Gaue lagen, lässt sich heute nicht ohne weiteres angeben, da sich keine Verzeichnisse von jenen Orten vorfinden, vielmehr in Urkunden nur einige wenige derselben als in diesem oder jenem Gaue gelegen angeführt werden. Diesem Mangel lässt sich nur aus den Archidiaconatsregistern abhelfen, d. h. aus den Registern, in welche alle zu einem Archidiaconat resp. Decanat (sedes) gehörigen Orte eingezeichnet wurden, und von welchen sich wenigstens noch zwei erhalten haben.

Bei der Bildung geistlicher Sprengel, Diöcesen, gab man diesen nämlich meistens dieselben Grenzen, welche die schon bestehenden Gaue hatten, indem der Vorstand eines Gaues, Graugraf, und der einer Diöcese, Archidiacon, Decan, gesetzlich Hand in Hand geben mussten, und es deckten sich somit, wenigstens in der Regel, die Grenzen der Gaue und der Diöcesen. Die in einem bestimmten Gaue gelegenen Orte waren mithin dieselben, aus welchen die in denselben verlegte sedes bestand, und man lernt daher aus dem Verzeichnisse der Orte einer sedes auch die eines Gaues kennen. Wird also in einer Urkunde auch nur ein Ort als in einem bestimmten Gaue liegend bezeichnet, und ersieht man aus dem Archidiaconatsregister, zu welcher sedes derselbe gehörte, so darf man in den meisten Fällen annehmen, dass auch die übrigen Orte jener sedes in ebendemselben Gaue lagen. — Ein Beispiel möge dies veranschaulichen. In einer Urkunde von 1128 werden die Orte Huson und Bercha (Berka) als im Wippergau gelegen bezeichnet; aber welche andere Orte noch in demselben Gaue lagen, lässt sich nur vermuthen. Aus dem Jechaburger Archidiaconatsregister ersieht man nun, dass Huson und Berka zu den Orten der sedes Jechaburg gehörten, und so kann man annehmen, dass wohl auch die übrigen Orte dieser sedes im Wippergau gelegen haben mögen. — Indessen konnte doch bei Bildung der sedes hier und da ein Grund vorhanden gewesen sein, denselben einen oder mehrere Orte aus einem andern Gaue einzuverleiben. Und dies war auch in der That der Fall. Zur sedes Jechaburg gehören auch die Dörfer Thalebra, Hohenebra, Oberspier und Niederspier, und demzufolge müsste man sie auch zum Wippergau rechnen, was Böttger a. a. O. auch wirklich thut; allein dem steht der Umstand entgegen, dass man die Gaue nach natürlichen Grenzen bildete, die genannten vier Dörfer aber von dem Wipperthale, der eigentlichen Stätte des Wippergaues, durch den dort über eine Stunde breiten Höhenzug der Hainleite getrennt sind. Dass aber das Archidiaconat Jechaburg jene Orte gleichwohl in die sedes Jechaburg aufnahm, hat unzweifelhaft seinen Grund darin, dass wenigstens die beiden erstgenannten mit Jechaburg in kirchlicher Beziehung sehr eng verbunden waren. — Bei gleicher Berücksichtigung der natürlichen Grenzen der Gaue wird man sicherlich auch Scheersen, welches Böttger a. a. O. zum Nabelgau rechnet, zum Wippergau zu rechnen haben, indem das Thal, in welchem jenes liegt, nach dem Wipperthale ausmündet, während es vom Nabelgau durch einen kleinen Höhenzug geschieden ist.

Eine andere Abweichung von der Annahme, dass Diöcesan- und Gaugrenzen sich immer deckten, findet sich bei den sog. vier Engelsdörfern, von denen drei — das vierte, Kirchengel, gehört keiner Jechaburger sedes an — unter den zur sedes Greussen gehörigen Ortschaften verzeichnet stehen und demgemäss zum Altgau gehört haben müssten, zu welchem Böttger a. a. O. sie auch rechnet. Gleichwohl gehören sie sowohl nach ihrer Lage, als auch besonders nach ihrem Namen dem Gau Engilin an; denn wer könnte wohl bezweifeln, dass Wester-Englide etc. einst dem Gau Englide (Engilin) angehörten?

Ebenso rechnet Böttger a. a. O. die Dörfer Urbach und Grossmehlra zum Gau Eichsfelden, weil sie der sedes Görmar angehören, deren übrigen Orte einst in jenem Gaue lagen; gleichwohl wird Urbach in einer Urkunde von 966 ausdrücklich zum Altgau gerechnet und beide Orte sind durch einen Höhenzug vom Gau Eichsfelden geschieden, gehören somit unzweifelhaft zum Altgau.

Zur besseren Veranschaulichung ist eine kleine Karte mit den betr. Gauen — der Gau Engilin nur mit dem hierher gehörigen Theile — beigefügt worden (siehe Beilage I).

Der Wippergau, urkundlich Wippergowe, Wippergo, erstreckte sich vom Ursprunge der Wipper derselben entlang bis einschliesslich Hachelbich, grenzte gegen N. an den Helmgau, gegen O. an den Nabelgau, gegen S. an den Altgau und den Gau Eichsfelden, gegen SW. an den letzteren resp. Ohmfeld und an den Lisgau und gegen NW. ebenfalls an den letztgenannten. In demselben lagen mit Ausnahme von Thalebra, Hohenebra, Oberspier und Niederspier alle Ortschaften der sedes Jechaburg, sowie Schersen, und jenseit der Grenzen unserer Unterherrschaft und der sedes Jechaburg die Orte der sedes Bleicherode.

Der Nabelgau, urkundlich Nabelgowe, wird zum grossen Theile von der sog. kleinen Wipper*) durchflossen, grenzt gegen N. an die Helme resp. den Helmgau,

Endlich macht sich noch in Bezug auf den Umfang des Altgaues und den des Gaues Winidon eine Vorbemerkung nöthig:

Von denen, welche über die eben genannten beiden Gaue geschrieben, geben Wersebe und Böttger a. a. O. denselben einen Umfang, welcher den von ihnen handelnden Urkunden geradezu widerspricht, dem Altgau einen weit geringeren, als er auf Grund von Urkunden beansprucht kann, dem Winidon einen sehr grossen, obwohl nach der einzigen Urkunde, die von ihm handelt (vom Jahre 979), nur die Orte Bellstedt, Marksussra, Ehrich, Rohnstedt, Neustedt, Wenigenebrich und Wolferschwenda in ihm lagen. — Dazu, dem Gau Winidon eine solche Ausdehnung zu geben, lassen sich jene durch den Umstand verleiten, dass Marksussra unter den Orten desselben genannt wird, und halten unter Wahrung des Grundsatzes: „Gaugrenzen und Diöcesan- oder Sedesgrenzen decken sich" dafür, dass alle Orte, welche zur sedes Marksussra gehörten, zum Gau Winidon gerechnet werden müssten. Dabei haben sie aber ausser Acht gelassen, dass sie dadurch jenen Grundsatz insofern selbst verleugnen, als sie, während von jenen Orten Ehrich und Rohnstedt zur sedes Greussen gehören und somit zum Altgau gerechnet werden müssten, auch diese als zum Gau Winidon gehörig betrachten.

Dagegen hält Wenck a. a. O. dafür, dass zum Winidon nur die wenigen Orte zu rechnen seien, welche die Urkunde von 979 als in ihm gelegen bezeichne, und ausserdem etwa noch Bilderstedt und Rockstedt, welche nach Urkunden von 956 und 973 im Gau Südthüringen lagen, als in welchem gelegen nach einer Urkunde von 877 auch Ehrich angeführt werde, welches eine spätere Urkunde in den Gau Winidon verlege. — Zugleich aber glaubt Wenck, dass Winidon, indem er ringsum von Orten des Altgaues umschlossen werde, nur als ein Untergau des Altgaues betrachtet werden könne. Dieser Ansicht ist auch Stechele: Zur Geographie Thüringens. Zeitschrift des Vereins für thüringische Geschichte. Jena, 1879, und auch Referent hält sie für die richtige. —

*) Die sog. kleine Wipper ist ein ziemlich starker Arm der oben schon erwähnten Wipper, welcher zwischen Hachelbich und Göllingen aus der letzteren durch ein etwa 2 km langes offenes Flussbett zu dem zwischen Göllingen und Bendeleben befindlichen Hanfenberge und sodann durch einen Tunnel unter demselben hinweg in nördlicher Richtung weiter geleitet wird, bis er etwa 1 km südöstlich von Bendeleben in einer schluchtartigen Vertiefung zu Tage tritt. — Dieser Tunnel oder Stollen ist 220 Lachter oder etwa einen halben Kilometer lang und besteht aus neun Schachten: Kirchschacht, der erste von der Bendeleber Seite aus, Teufelsluchter, Hoheschacht, Lochschacht, Wasser- oder Leimenschacht, Baumschacht, Schlammschacht, Wegeschacht und Kleinschacht. Er ist durchgehends gewölbt und mit steinernen Platten ausgelegt, hat aber in nördlicher Richtung eine so starke Neigung, dass an seinem Endpunkte das Wasser unter gewaltigem Brausen herausstürzt. Anfangs behält dieses (die kleine Wipper) die nördliche Richtung bei, wendet sich aber bald nordwestlich nach Bendeleben, von da nordöstlich und östlich nach Frankenhausen und mündet zuletzt in die Unstrut.

Der betr. Tunnel ist ein sehr altes Bauwerk, indem er schon im zwölften Jahrhundert von Mönchen des Klosters Göllingen angelegt worden sein soll. Der Hauptzweck bei Anlegung desselben gegen O. an die kleine Helme resp. das Friesenfeld, gegen S. an den Gau Engilin und gegen W. an den Wippergau. In demselben lagen alle Orte der sedes Frankenhausen, von welchen aber nur Badra und Bendeleben unserer Unterherrschaft angehören.

Der Gau Engilin*), urkundlich 779 Engli, 802 Englide, 932 Engilin, 957 Engeli, Engilin, 1253 Engilda, Engildi und Engelde, auch Engelheim und Engelbem, grenzte gegen N. an den Nabelgau und das Friesenfeld (Hassengau) resp. an die Unstrut, gegen O. an die Scheidinger Mark (Schidinga marca), gegen S. an den Ostergau und den Altgau und gegen W. ebenfalls an den letzteren. — In demselben lagen die Ortschaften von vier sedes, von denen drei, die sedes Reinsdorf, Leubingen und Grossmonra des Archidiaconats Erfurt, hier nicht in Betracht kommen, dagegen von der vierten, der sedes Kannawurf des Archidiaconats Jechaburg, nur Trebra und Niederbösa der jetzigen Unterherrschaft angehören; ausserdem sind, wie oben nachgewiesen, noch Westerengel, Feldengel und Holzengel, obwohl sie zur sedes Greussen gehörten, nicht zum Altgau, sondern nach ihrem Namen und ihrer Lage zum Gau Engilin zu rechnen.

Der Altgau mit seinem Untergau Winidon.

Der Altgau, urkundlich Altgowe, erstreckte sich auf dem jetzigen Gebiete der Unterherrschaft von der nordwestlichen bis zur südöstlichen Grenze derselben — von Keula bis Greussen —, nördlich von der Hainleite bis zum Gau Engilin, südlich von einem Höhenzuge bis Grossmehlra begleitet, und wird von der Helbe durchflossen. Der jenseit unserer Unterherrschaft gelegene Theil des Altgaues zog sich im Thale der Helbe weiter bis zum Einflusse derselben in die Unstrut und von da am linken Ufer der letztern hinauf bis Thamsbrück; eine von da nördlich über Neunheilingen und Schlotheim gezogen gedachte Linie führt zu dem Höhenzuge südlich von Grossmehlra und Urbach.

Der diesseitige Theil des Altgaues umfasste die Orte der sedes Markaussra und Greussen mit Ausnahme der zum Gau Engilin zu rechnenden Engelsdörfer und derjenigen, welche im Untergau Winidon lagen; dagegen kommen dazu die vier Orte Thalebra, Hohenebra, Oberspier und Niederspier aus der sedes Jechaburg und Grossmehlra und Urbach aus der sedes Görmar.

war, das Wasser der Wipper zum Betriebe des Salzwerkes in Frankenhausen zu verwenden. — Der Tunnel hat im Laufe der Zeit vielfacher, oft sehr bedeutender Reparaturen bedurft und wird jetzt alljährlich nach Abschlag des Wassers begangen und auf seinen baulichen Zustand untersucht. —

*) Bezüglich des Gaues Engilin ist eine Bemerkung Werebe's a. a. O. nicht uninteressant. Derselbe hält diesen Gau nämlich für das Vaterland derjenigen Anglier, welchen Carl der Grosse nebst den Werinern (an der Werra) ein eigenes Gesetzbuch verliehen hat, und fügt dann hinzu: „Schon der Mönch Eccard des Klosters Fulda hat diese Meinung geäussert. Die Ueberschrift der legis Angliorum et Werinorum enthält ausdrücklich den Zusatz zur Erläuterung: id est Thuringorum. Man wird auch schwerlich anderswo gegründete Spuren dieser Anglier und Weriner auffinden; dagegen lässt sich die Ursache, weshalb diese an sich kleinen Völkerschaften ein besonderes Gesetzbuch erhalten haben, leicht aus der Vertheilung Thüringens unter Franken und Sachsen erklären. Die Nordthüringer hatten nämlich das salische Gesetz, dem sich ohne Zweifel die südlichern als fränkische Unterthanen unterworfen hatten, nicht angenommen, und da die lex Saxonum auf sie gleichfalls keine Anwendung fand, weil sie nicht mit zu den eigentlichen Sachsen jenseit des Harzes gehörten, so bedurften sie eigener Gesetze. Uebrigens — so schliesst Werebe seine Bemerkung — will ich nicht behaupten, dass diejenigen leges Angliorum et Werinorum, die man jetzt als solche verkauft, wirklich dieselben sind, die Carl der Grosse diesen Völkern gegeben hat". —

Der Altgau grenzt gegen N. an den Wippergau, gegen O. und NO. an den Gau Engilin, gegen SO. an den Ostergau, gegen S. an den Turingau, gegen SW. an den Westgau — bezüglich der drei letztgenannten an das linke Ufer der Unstrut — und den Gau Eichsfelden und gegen W. ebenfalls an letzteren.

Der Untergau Winidon*) wurde mit den ihm zugehörigen Orten: Blieder-stedt, Grossenehrich, Neustedt, Rohnstedt, Wolferschwenda, Bellstedt, Rockstedt und Marksussra, ganz vom Altgau umschlossen, und die gen. Orte gehörten theils der sedes Greussen, theils der sedes Marksussra an. —

Bei der bisherigen Betrachtung der ehemaligen politischen Eintheilung unserer jetzigen Unterherrschaft in Gaue musste, wie wir gesehen, zugleich auf die kirchliche Eintheilung derselben ein Blick geworfen werden, und wir lernten dabei letztere als eine bereits feste und wohlgegliederte kennen. Deshalb dürfte noch erübrigen, auch auf die ersten Anfänge derselben und die Veranlassung dazu durch Einführung des Christenthums zurückzugeben und uns das zu vergegenwärtigen, was uns darüber überliefert worden ist.

Bis zum Anfange des achten Jahrhunderts scheint kaum irgend eine Kunde vom Christenthum in unsere Gegend gedrungen zu sein. Erst Bonifacius unternahm es ums Jahr 731, den heidnischen Bewohnern hierselbst die christliche Lehre zu verkündigen. Nach der uns gewordenen Ueberlieferung gründete er damals in unserer Gegend zwei Capellen, die Capelle St. Crucis bei Greussen und die Capelle St. Walpurgis bei Marksussra, die ersten Pflanzstätten, von welchen aus sich das Christenthum dann hier weiter verbreitete.

Wie Bonifacius, auch nachdem er zum Erzbischof von Mainz berufen worden war, gewiss die ersten Stätten seiner Wirksamkeit und sein Wirken in unserer Gegend wohl niemals ganz vergessen haben wird, so trugen auch seine Nachfolger auf dem erzbischöflichen Stuhle, wie für die thüringischen Länder überhaupt, so auch für unsere Gegend treue Fürsorge durch Stiftung von Kirchen, Capellen und Klöstern.

Unter den letzteren erfreute sich das wahrscheinlich vom Erzbischof Willigis von Mainz um 989 gestiftete Benedictiner-Kloster Jechaburg bald eines solchen Zuwachses und eines so grossen Ansehns, dass es 1004 zu einem Domstifte und einer Domprobstei (Archidiaconat) erhoben wurde. Da sein Sprengel allmählich mehr als tausend Kirchen, Capellen, Vicarien und Klöster umfasste, so wurde derselbe der leichtern und bessern Verwaltung wegen in elf Decanate oder Erzpriesterthümer, gewöhnlich sedes genannt, eingetheilt.

Diese sedes sind: Jechaburg, Marksussra, Greussen, Kannawurf, Frankenhausen, Oberberga, Unterberga, Görmar, Kirchheilingen, Bleicherode und Wechsungen, und ihnen waren sämtliche Ortschaften**), die zum Archidiaconat Jechaburg gehörten, untergeordnet. —

---

*) Der Gau Winidon hat seinen Namen dadurch erhalten, dass Wenden in jenem Bezirke wohnten. Die dortigen Dörfer waren aber nicht eigentlich wendische Niederlassungen, sondern einheimische Gutsherren hatten sie durch slavische oder wendische Leibeigene anbauen lassen, weshalb sie auch keine eigentlich wendischen Namen haben. —

**) Die betreffenden Ortschaften resp. die in denselben befindlichen Kirchen, Capellen und Vicarien sind insgesamt in dem Jechaburger Archidiaconatsregister aufgezählt, welches der Fürstlich Schwarzburg. Archivar Joh. Andr. Zeitz 1715 nach den „diplomatibus a. 1343 und a. 1474 und dem registro subsidii cleri Thuringiae impositi a. 1506" angefertigt hat. Dasselbe ist ausser

Ausser dem Stift Jechaburg gab es gleichzeitig in der heutigen Unterherrschaft noch das Cistercienser-Nonnenkloster Marksussra, das Katharinenstift bei Holzthaleben, das Cistercienser-Nonnenkloster zu Grossfurra, das Kloster St. Catharinae bei Clingen, das Kloster Sorge bei Wasserthaleben (Talheim) und je ein Kloster zu Grossbrüchter, Kirchengel, Trebra und Westgreussen.

dem erwähnten registrum subsidii wahrscheinlich das einzige noch vorhandene Verzeichniss jener Ortschaften und findet sich in seiner handschriftlichen „Beschreibung der Uhralten und Berühmten Thum-Probstey und Thumstiffts S. Petri zu Jechaburg". —

Da die Namen jener Ortschaften wegen der Seltenheit der betr. Verzeichnisse nicht allgemein bekannt sein dürften, so wird eine Aufzählung derselben hier nicht unwillkommen sein.

Von den betr. Ortschaften gehörten

1. zur sedes Jechaburg — Jecheburg —:

Jechaburg, Hachelbich, Berka, Jecha, Sondershausen, Grossfurra, Kleinfurra, Rüxleben, Hupperode, Straussberg, Wernrode, Wolkramshausen, Wollersleben (Moniales in Larbe,) Hainrode, Wustene desolat, Kirchberg, Immenrode, Hohenebra, Thalebra, Oberspier, Merzbich desolat, Niederspier, Marthoch desolat, Hain, filia Ruxlebensis, Osterstet (Pferstet), Nore.

2. zur sedes Marksussra — Susszra: —:

Marksussra, Freienbessingen, Abtsbessingen, Schlotheim, Mehrstedt, Keula, Holzthaleben (Wasserloses Talheim), Dietenborn, Allmenhausen, Höningen, (Honnige) desolat, Ebeleben, Holzsussra, Schernberg, Gruna desolat, Toba, Oestertoba desolat, Kleinberndten, Grossenberndten, Rockensussra, Ingerstedt (Ingelstedt) desolat, Grossenbrüchter, Mittelbrüchterde, Kleinbrüchter, Gundersleben, Kolstete (Kulstete) desolat, Thüringenhausen, Bellstedt, Rossingen (Rossungen) desolat, Walrode (Wellrode) desolat, Himmelsberg, Wiedermuth, Bertelderode desolat, Schyrenberg desolat, Rockstedt, Wolferschwenda, Bickenrode (Bibenrode) desolat, Abarwenden alias Algerszrode desolat, Marolderode filia Honnige.

3. zur sedes Greussen — Grussen —:

Greussen, Ehrich, Grossballhausen, Clingen, Wasserthaleben (Talheim), Holzengel, Günstedt, Weissensee, Kutzleben, Tennstedt, Tuntzenhausen, Fychstet desolat, Schilfa, Haussömmern, Westerengel, Feldengel, Obertopfstedt, Niedertopfstedt, Pfaffenhofen, Ottenhausen, Luthersborn, Straussfurt, Mittelsömmern, Wundersleben, Lutzensömmern, Schwerstedt, Abawenden desolat, Nausissen, Kleinballhausen, in dem Osthofen (östlich von Tennstedt), Frommgehofen (westlich von Tennstedt), Wenigen-Tennstedt desolat, Hornsömmern, Rohnstedt, Kroborn desolat, Bliederstedt, Herbsleben, Herrnschwende, Grüningen filia Grussen.

4. zur sedes Kannawurf — Kanewerff —:

Kannawurf, Sachsenburg, Kindelbrücken, Frömstedt, Oberbösa, Niederbösa, Trebra, Bilzingsleben, Günseroda, Masleben, Schönstedt, Wallerstedt, Husen.

5. zur sedes Frankenhausen — Franckenhusen —:

Frankenhausen, Oldisleben, Göllingen, Brücken, Artern, Bendeleben, Rottleben, Edersleben, Riethnordhausen, Steten, Tilleda, Capella desolat, Voigtstedt, Esperstedt, Borxleben, Steinthaleben, Sittendorf, Schönfeld, Badra, Seega, Seehausen, Kastedt, Hermstedt (Helberstedt) desolat Pfüffel, Mentzdorf (Nentzdorf), Jarstedt (Jarfeld) desolat, Borndorff (Berndorff), Rinkleben, Ichstedt, Udersleben.

6. zur sedes Oberberga — Berga superior —:

Nordhausen, Capelle Barberode, Capelle in Gerbuchsrode, Obersalza, Untersalza, Ryala, Steinbrücken, Sundhausen, Uthleben, Windehausen, Bielen und Leimbach filia, Urbach und Grumbach filia, Steigerthal, Vockenrode, Neustadt, Harzungen, Crimderode, Hörningen, Oberschawerfen, Königsrode, Appenrode, Cleisingen, Bischofferode, Mauderode, Rotisbagen, Wofleben, Wolferode und Werna filia, Gudersleben, Sülzhain, Ellrich, Liebenrode, Klettenberg, Tettenborn, Rodigsdorf, Sachsa, Petersdorf desolat, Osterode, Niedersachswerfen.

7. zur sedes Unterberga — Berga inferior —:

Kelbra, Wallhausen, Bennungen, Heringen, Wickerode, Görsbach, Stolberg, Berga, Auleben, Rossla, Thürungen, Ramelderode, Uftrungen, Breitungen, Hattendorf desolat, Bösenrode, Gross-

Nach Einführung der Reformation wurden die bis dahin noch bestehenden Stifte und Klöster aufgehoben, und die Leitung der kirchlichen und geistlichen Angelegenheiten, welche zeither das Stift Jechaburg über den weiten Kreis seines Sprengels (Diöces) gehabt hatte, wurde für den betr. Landestheil dem ersten Geistlichen (Decan) der Stadt Sondershausen übertragen.

Nach ihrem religiösen Bekenntniss sind die 37 934 Einwohner der Unterherrschaft, einige wenige Katholiken und Dissidenten, sowie 147 Juden abgerechnet, Protestanten.

Da das Gebiet, welches gegenwärtig die Unterherrschaft umfasst, nach dem Untergange des Königreichs Thüringen, von dem es ein Theil war, mit ganz Nordthüringen in den Besitz der Sachsen kam, so mag der grösste Theil des Volksstammes, welcher es gegenwärtig bewohnt, ein aus Thüringern und Sachsen gemischter sein; ein kleiner Theil desselben aber besteht wahrscheinlich aus Nachkommen der Wenden, deren Vorhandensein hier durch den Gaunamen Winidon und den Ortsnamen Wolfereswinidon bezeugt wird. Neben dem letztern fehlt es aber anch nicht an wendischen oder slavischen Niederlassungen, die keine wendischen Namen hatten, noch haben. So heisst Ottenstete (Otterstedt) urkundlich 1128 vicus und viculus Sclavorum (Slavorum), und wahrscheinlich war auch Mittelbrüchterde, jetzt eine Wüstung, eine solche Niederlassung, da es auch den Namen windischen Brüchterde führt.

Nach der Bodenbeschaffenheit unserer Unterherrschaft waren die Bewohner derselben zur Erwerbung des täglichen Unterhalts vom Anfang an vornämlich auf den Ackerbau hingewiesen; denn von 51 912 Hektaren Gesamtfläche kommen, wenigstens gegenwärtig, 36 431 Hektare auf Acker- und Gartenländerei, während Wiesen und Weiden 887, Haus- und Hofräume 270, Forsten und Holzungen 11 797, Oed- und Unland 70, Wegeland 2041 und Gewässer 431, also zusammen nur gegen

Leinungen, Klein-Leinungen, Rottleberode, Hohlstedt, Lindenschw (Bindenschw), Tüticherode, Rospenswenden, Bernecke, Schwenda, Schwiderschwenda desolat, Scherse, Rieth, Dymerode desolat, Dietersdorf, Breytenbach desolat, Breitenberg, Wolfersberg, Hurlehayn desolat, Weissenborn desolat, Rothe, Capelle in Questenberg.

8. zur sedes Görmar — Germar —:

Mühlhausen, Ammern, Görmar, Bollstedt, Körner Wiperti, Körner Mariae, Felchta, Grossmehlra, Kleinmehlra, Dörna, Lengefeld, Hosmar, Bothenheilingen superior, Issersheilingen, Netzerode, Relaer, Weida, Grossgrabe, Kleingrabe, Tutenrode, Kaisershagen desolat, Peuschel, Forste, Saalfeld, Hambach, Affenheilingen, Popperode, Emilienhausen, Urbach, Altgottern, Eigenriedem, Bothenheilingen inferior, Windeberg.

9. zur sedes Kirchheilingen — Kircheylingen —:

Merxleben, Thamsbrück, Neunheilingen, Kirchheilingen Bonifacii, Kirchheilingen Mariae, Sundhausen, Tottleben, Gross-Welsbach, Klein-Welsbach, Urleben, Blankenburg, Bruchstedt, Klettstedt, Nägelstedt, Gross-Vargula, Klein-Vargula.

10. zur sedes Bleicherode — Blicherode —:

Bleicherode, Bartholfelde, Müncherode, Löderode (Sutenrode), Bischofrode, Jützenbach, Werningerode, Gross-Bodungen, Klein-Bodungen, Bula major, Bula minor, Lipprechterode, Kirchenbalo, Obergebra, Niedergebra, Sollstedt, Rehungen, Rüdigen, Welterode (Welkerode), Ascha, Heigenrode, Sultzingen, Holungen filia Bischoferode, Kirchdorf, Ascherode, Neustadt, Wülfingerode, Utenrode, Kraja, Wustade, Wilrode, Walrode.

11. zur sedes Wechsungen:

Gross-Wechsungen, Klein-Wechsungen, Gänzerode, Rodisleben superior, Rodisleben inferior, Hesserode, Kehmstedt, Schata desolat, Gross-Werther, Klein-Werther, Pützlingen, Limlingerode, Haferungen, Mackenrode, Blödungen, Fronderode, Mörbach, Schiedungen, Etzelsrode, Lochstedt (Metstete), Trebra. —

15500 Hektare einnehmen. — Zu dem Anbau der Feldfrüchte kam später auch der von Farbekräutern, namentlich von Waid, von dessen Anbau noch an mehreren Orten vorhandene Waidmühlensteine, wie auch Namen von Plätzen und Flurtheilen, als: Waidrasen, Waidhof, über der Waidmühle etc. zeugen. Von dem Anbau des Saffrans hat ein Feld bei Ebeleben den Namen Saffransgebreite.

Vielleicht noch vor dem Anbau der Farbekräuter wandte man sich an einigen Orten der Cultur des Weinbaues zu und betrieb denselben in einer grösseren Ausdehnung, als man es nach der Lage und dem Klima der betr. Gegend erwarten sollte. Die grösste Strecke Weinberge und Weingärten befand sich am Abhange der nördlich von Greussen, Clingen und Westgreussen gelegenen Abdachung der Hainleite, und der Stadtflecken Clingen bildete den Hauptort und den Mittelpunkt des Weinbaubetriebs. Die gräfliche, nachmals fürstliche Domaine daselbst, welche eine ziemlich grosse Strecke von Weinbergen besass, betrieb selbst den Weinbau sehr eifrig und liess ein besonderes Gebäude zur Aufnahme einer Kelter und aller dabei nöthigen Utensilien errichten. —

Solcher Weingärten werden urkundlich auch in Roledehusen (Röllhausen, einer Wüstung östlich von Greussen), Wasserthaleben, Ebeleben u. a. O. erwähnt. — Im Jahre 1846 wurden die letzten Weinberge bei Clingen ausgerottet und in Ackerland verwandelt. —

Dass die Bewohner der Unterherrschaft neben dem Ackerbau mit seinen verschiedenen Zweigen schon frühzeitig auch Gewerbe betrieben, ist selbstverständlich; aber als ein rühmliches Zeichen ihrer Gewerbthätigkeit ist hervorzuheben, dass sie sich nicht damit begnügten, die zum Leben nothwendigsten Gegenstände herstellen zu können, sondern sich, namentlich vom Ende des sechzehnten Jahrhunderts an und vorzugsweise in den Städten Sondershausen, Greussen und Grossenehrich, Erwerbszweigen zuwandten, die man in so früher Zeit und an so kleinen Orten, wie jene Städte damals noch waren, im ganzen Umkreise nicht fand, und durch welche sie in Verbindung mit der durch Handel, Kunst und Gewerbe blühenden Stadt Nürnberg traten. Von jener Zeit an finden wir in den betr. Städten: Tuch- und Zeugmacher, Borten-, Tripp-, Satin-, Barchent- und Teppichweber, Wollkämmer und Färber, Hutmacher und Posamentierer, Seifensieder und Lohgerber, Conditoren, Maler u. s. w. — Von der Mitte des achtzehnten Jahrhunderts an ging jedoch der Betrieb mehrerer dieser Gewerbe allmählich immer mehr zurück, ja manche erloschen ganz, da man nicht mehr mit denen concurriren konnte, welche durch Anschaffung von Maschinen und anderer Betriebsmittel billigere Waaren zu liefern vermochten. Am meisten verlor dadurch die kleinste unserer Städte, Grossenehrich, die vorher in einzelnen Zweigen die beiden anderen sogar überflügelt hatte, und, wahrscheinlich durch seine von den neuen Verkehrsstrassen etwas entfernte Lage, sich nicht wieder gehoben hat, während dies bei Sondershausen und namentlich bei Greussen durch eine ungemein rege Handelsthätigkeit und den eifrigen Betrieb der ihnen verbliebenen Gewerbe der Fall war und ist.

Abtsbessingen.

Pfarrkirchdorf mit 686 Einw., Altgau, 19,4 km südwestlich von Sondershausen, hat seinen Namen Abts-Bessingen davon erhalten, dass es dem Abt von Fulda lehnpflichtig war; ein angrenzendes, aber im Preussischen gelegenes Dorf heisst im Gegensatze Freien-Bessingen.

Urkundliche Namensformen des Dorfes: 874 Bezzinga, 1150 Abbecbelingen, 1268 Abbetisbezingen, im 15. Jahrhundert: Abtsbessingen, Abtisbezingen, Aptisbessingen, Aptisbissingen und später Bezbingen, Bezzingen. — Jetzt nennt man das Dorf kurzweg Bessingen.

Nach dem Dorfe nannte sich ein Adelsgeschlecht, welches vom 13. bis 16. Jahrhundert in mehreren schwarzburgischen Orten, besonders lange Zeit in Berka a. d. Wipper, begütert war. — Ein Glied dieser Familie, Cunemund von B., war 1424 Domherr im Stift Jechaburg.

Die Kirche St. Cruois, Archidiaconat Jechaburg*), sedes Marksussru, ist 1703 neu erbaut worden. — Erwähnenswerth sind zwei der Kirche gehörige Vasen, welche derselben 1736 nach einer Inschrift an der untern Seite des Fusses von J. G. Kiel verehrt wurden und besonders insofern von Interesse sind, als sie aus der von 1739 bis 1769 dort bestandenen fürstlichen Porcellanmanufactur stammen. Darauf deutet wenigstens die Gabel (ɪ,ɪ) aus dem fürstlichen Wappen, die sich an der untern Seite des Fusses befindet. Die Vasen sind von gelber Farbe und haben an beiden Seiten, am Fusse und Rande Malereien, Blau auf weissem Grunde. Sie haben eine Höhe von je 0,24 m, in der ausgebauchten Mitte eine Weite von je 0,39 m und waren ursprünglich mit je zwei Henkeln versehen; an der einen fehlt jetzt ein solcher.

Von den drei Kirchenglocken, die sich durch ihr harmonisches Geläute vor vielen der Umgegend auszeichnen, hat die grosse von 1,26 m unterem**) Durchmesser folgende Inschrift:

VERBVM DOMINI MANET IN ÆTERNVM. ANNO 1775. IOH. GEO. & IOH. GODOF. VLRICI APOLDÆ.

Die mittlere von 1,7 m Durchmesser hat die Inschrift:

anno domini millesimo quadringentesimo xcö tertia post margarethe factum est hoc opus osanna * mattheus marcus lucas iohannes *

---

*) Da alle Kirchen und Capellen der Unterherrschaft mit Ausnahme weniger zum Archidiaconat Jechaburg gehörten, so wird bei den Kirchen und Capellen der übrigen Ortschaften nur die sedes angegeben werden:

**) Bei der Angabe des Durchmessers der Glocken ist immer der untere zu verstehen.

Unter dieser Inschrift befindet sich ein Medaillon, welches die Madonna mit einer Krone geschmückt und das Christuskind auf dem Arme haltend darstellt (s. Fig. 1). — Neben demselben sind Bracteatenabdrücke.

Die kleine Glocke von 0,80 m Durchmesser ist zugleich mit der grossen 1775 gegossen worden.

In dem untern Thurmraume befindet sich ein sehr altes aus Holz geschnitztes Crucifix; die Figur des Gekreuzigten ist in mehr als Lebensgrösse dargestellt, und die Arbeit verräth eine ziemlich kunstfertige Hand.

In alten Fulda'schen Lehnsbüchern wird zweier Kirchen in A. gedacht, von denen die eine im östlichen Theile des Dorfes lag. Von dem Gebäude selbst ist nicht die geringste Spur mehr vorhanden; doch heisst ein Garten an der Stelle, wo sie gelegen, noch jetzt der Oesterkirchhof, und ein Brunnen, der sich auf dem freien Platze vor jenem Garten befindet, führt noch immer den Namen Oesterkirchhofsbrunnen.

Von den Profangebäuden in A. sind zwei Güter zu erwähnen, die schon in alten Urkunden unter den Namen Freihof und Gut vorkommen. Letzteres diente ohne Zweifel den Besitzern des Dorfes bei gelegentlicher Anwesenheit als Wohnung, und als solche werden urkundlich zuerst die Grafen von Kirchberg genannt; doch waren Dorf und Gut bereits in der Mitte des dreizehnten Jahrhunderts im Besitz der Grafen von Honstein. Denn die Gräfin Sophie von Schwarzburg, geb. Gräfin von Honstein, erhielt von ihrem Vater, dem Grafen Dietrich, mit andern Gütern auch das Dorf Abtsbessingen und Zugehörungen als Aussteuer und wurde von den Oberlehnsherren jener Besitzungen, dem Abt von Fulda und dem Markgrafen von Meissen, mit denselben belehnt. Nach dem Tode ihres Gemahls, 1250, trat die Gräfin Sophie jene Güter und somit auch Abtsbessingen an ihre Brüder, die Grafen von Honstein, ab; seit 1356 ist A. im Besitz des Grafen von Schwarzburg. Von diesen wurden mit dem betr. Gute, welches bis 1772 herrschaftlich war, im Laufe der Zeit belehnt: 1442 die Herren von Germar, 1489 die Ritter von Ebeleben, 1496 die Herren von Tschrodt, 1567 die Herren von Tettenborn und nach mehrfachem Wechsel 1728 und 1741 der Prinz August I. von Schwarzburg.

Allmenhausen,

Pfarrkirchdorf mit 668 Einw., Altgau, mit einer fürstlichen Domaine, 20,3 km südwestlich von Sondershausen und an der Sondershausen-Langensalzaer Chaussee, liegt an der nördlichen sanften Abdachung einer nicht unbedeutenden Landhöhe, von welcher man eine ziemlich weite und schöne Aussicht hat — nach N. auf das Harzgebirge mit dem Brocken, nach NO. auf die Hainleite mit dem Possenthurm und der Sachsenburg, nach O. auf die Finne mit Schloss Beichlingen und nach S. auf den Thüringerwald, mit dem Inselsberg.

Urkundliche Namensformen: 1133 Almenhusen, 1139 Almenhusin und später Almenhausen; erst in neuerer Zeit schreibt man Allmenhausen.

Nach dem Dorfe nannte sich eine Familie: von Almenbusen, Almenhusin, Almynhusin und Almenhausen. Sie scheint ein Zweig der Grafen von Kirchberg

Fig.1.

aus u. lith. B. Haim

gewesen zu sein, und ihre Glieder nannten sich, gleich jenen, nachmals auch Cämmerer. Schon im zwölften Jahrhundert war jenes Adelsgeschlecht im Besitz der Burg
zu A., wie auch des Dorfes selbst und kömmt noch über die Mitte des vierzehnten
Jahrhunderts hinaus urkundlich vor. Ein Glied desselben war Hermannus de Almynhusin, 1361 Probst des Klosters Ichtershausen.

Die Kirche St. Mariae, sedes Marksussra, mit gothischen Fenstern, wurde
1501 erbaut, wie man aus der Inschrift ersieht, welche sich auf einem an der Nordseite des Thurmes eingemauerten Steine befindet.

$$\text{Ꜣ } \circ \text{ ꝺ } \circ \text{ m } \circ \text{ ꝺᶜ} \circ \text{ ꝺ } \circ \text{ ꝺꝑꞩ } \circ \text{ ꝺ } \circ \text{ m } \circ$$

(Anno domini millesimo quingentesimo primo dedicatum opus virgini Mariae).
Man hat das Jahr in dieser Inschrift früher immer 1600 anstatt 1501 gelesen.

Ueber dieser Inschrift befindet sich eine kleine leere Nische, in welcher früher
wahrscheinlich die Statue der Jungfrau Maria stand.

In der Kirche befinden sich zwei Grabdenkmäler und zwar hinter dem
Altare; sie sind aber von geringem Kunstwerthe.

Das rechts stehende, mit einer geharnischten Ritterfigur, den offenen Helm
zwischen den Füssen, hat die Umschrift: Anno 1589 den 27. Januar montags frue
umb 4 uhr ist der edele und ehrenveste Georg Ernst von Schlotheim zu Almenhausen in Gott selig verschieden. Des Seelen G. G. Aetatis 33.

Das links stehende, mit einer ebenfalls geharnischten Ritterfigur und einem
geschlossenen Helme zwischen den Füssen, hat die Umschrift; . . . . 22. Januarii
zwischen 6 und 7 uhr ist der edele und ehrenveste Christoph von Schlotheim zu
Almenhausen in Gott selig verschieden. — Die unleserlich gewordene Jahreszahl ist
nach dem dortigen Kirchenbuche: 1619.

An der Kanzel befindet sich das Wappen der Ritter von Schlotheim: ein
schwarzer verkehrt stehender Schild in weissem Felde.

Unter den heiligen Gefässen der Kirche sind erwähnenswerth: ein silberner
und vergoldeter Abendmahlskelch, 0.48 m hoch und von 0,105 m obern Durchmesser, mit sechstheilig ausgeschweiftem Fuss; auf einem der sechs Felder befindet
sich ein Crucifix, auf den sechs emaillirten Knaufköpfen stehen die Buchstaben:
I. H. E. S. V. S. Auf der untern Seite des Fusses ist eingravirt: Christian Melchior von Schlotheim. Sophie Elisabeth von Schlotheim, geb. von
Heringen. 1637.

Ferner eine silberne vergoldete Hostiendose mit einem aufrecht stehenden
Crucifix auf dem Deckel und der Inschrift: Dorothea Sidonie von Schlotheim,
geb. von Bielen. 1704.

Von den drei Kirchenglocken mit 1,6—0,86 und 0,60 m Durchmesser wurden
die grosse und mittlere unter der Regierung und Beihülfe des Fürsten Christian
Günther 1776 gegossen und tragen das fürstliche Wappen; die kleine ist 1622 gegossen
worden und hat folgende Inschrift:

V. S. D. H. DISCITE IVSTICIAM MONITI ET NON TEMNERE DIVOS.

Die vier Initialen vorstehender Inschrift dürften wohl zu lesen sein: Vox sancta
Dei haecce.

Ob vor Erbauung der jetzigen Kirche an ihrer Stelle schon eine andere stand,
darüber fehlt jede Kunde, ist aber zu bezweifeln; das erste Kirchengebäude des Dorfes

ist sie jedoch nicht, vielmehr wird in einer Urkunde des Stifts Jechaburg von 1459
einer Capelle von der Burg zu Allmenhausen gedacht, und wahrscheinlich be-
gnügte man sich mit derselben bis zur Erbauung der jetzigen Kirche. Von jener
Capelle und der erwähnten Burg, welche beide im derzeitigen Schlossbaumgarten lagen,
findet sich keine Spur mehr. — Die jetzige Kirche ist wahrscheinlich durch die Herren von Schlotheim erbaut
worden und zwar von den Gebrüdern Hans, Balthasar und Melchior, welche
1489 von dem Grafen Günther sen. von Schwarzburg mit Schloss und Dorf A.
erblich belehnt wurden.

Profangebäude. Das Schloss, jetzt das Wohngebäude für den Pächter der
fürstlichen Domaine, und die dazu gehörigen sehr umfangreichen Neben- und Wirthschaftsgebäude liegen nördlich vom Dorfe auf einer sanften Anhöhe und wurden 1776
und 1777 von dem Fürsten Christian Günther erbaut, nachdem er die dortigen
fünf Edelgüter, von welchen vier den Herren von Schlotheim und eins dem Rittmeister
Freiherrn von Bellmont gehörten, in der Zeit von 1769 bis 1775 für 75,700 Thaler
angekauft hatte.

Ueber die fünf Edelhöfe ist geschichtlich Folgendes mitzutheilen.

Der älteste Edelsitz zu A. war die Burg, welche nebst dem Hagen, einem
zweiten Edelsitze, in dem jetzigen Schlossbaumgarten lagen. Von beiden ist keine
Spur mehr vorhanden. Der dritte Edelhof, das Lohteichgut, diente bis vor kurzem
als Schlossschäfereigebäude, wurde aber seitdem neu erbaut; das vierte, das Bellmont'sche, gewöhnlich das Rittmeistersgut genannt, war, nachdem es in den
Besitz des Fürsten gekommen, bis in neuere Zeit Dienstwohnung des dort stationirten
fürstlichen Revierförsters, und das fünfte lag in dem Garten des nachmaligen Freigutes neben der früheren Schulwohnung, westlich von der Kirche.

Burg und Dorf A. waren vom 12. bis zum 14. Jahrhundert im Besitz der Herren
resp. Cämmerer von Allmenhausen, kamen dann an die Grafen von Honstein
und von diesen mit der Herrschaft Sondershausen 1356 an die Grafen von Schwarzburg unter der Oberhoheit des Stifts Fulda und der Landgrafen von Thüringen resp.
der Kurfürsten von Sachsen.

Die Grafen von Schwarzburg belehnten im Laufe der Zeit mit Burg und Dorf,
sowie mit einigen kleinen Gütern daselbst verschiedene adelige Familien: 1402 Hans
in dem Brüle, 1416 Hans von Bula, 1418 Lorenz und Vincenz von Rüxleben, 1417—1438 Friedrich von Hoppfegarten. Im Jahre 1439 verpfändeten
die Grafen Güter daselbst an Hans von Schlotheim, 1445 werden Hans und
Kerstan und 1489 Hans, Balthasar und Melchior von Schlotheim mit jenen
Gütern erblich belehnt; doch finden wir neben ihnen dort noch andere schwarzburgische
Vasallen. Die Ritter von Schlotheim kauften allmählich noch andere der dortigen
Lehnsgüter, so dass sie, wie erwähnt, von den fünf Edelhöfen vier besassen, welche
nachmals nebst dem Bellmont'schen durch Kauf in den Besitz des Fürsten Christian
Günther kamen.

Als in A. gelegen wird 1445 einer Waidmühle gedacht. —

Wüstungen. In der Flur des Dorfes A., etwa 2 km westlich, ist die Wüstung
Höningen, von welcher nur noch wenige Spuren vorhanden sind. Eine Stelle des
Flurbezirks, in welchem das Dörfchen lag, heisst noch der Höninger Kirchhof. —
In alten Urkunden wird der Name jenes Dörfchens geschrieben: 1104 Hohingon und

Honingen, 1292, 1319 und 1341 Hoynge und Hoyngen, 1417 Honnige, Honigen, 1448 Hönigen. — Das Jechaburger Archidiaconatsregister führt es unter den Orten auf, welche zur sedes Marksussra gehörten, und bezeichnet Marolderode, ein unweit davon gelegenes preussisches Dorf, als filia von Honnige; 1448 wird es urkundlich eine Wüstung genannt.

In der Nähe von A. und vielleicht sogar in seiner Flur dürfte noch eine andere Wüstung zu suchen sein, obwohl kein Flurname dies bestätigt. Es ist dies Erbesrode oder Ebesrode, welches in den Jechaburger Urkunden von 1133 und 1139 in Verbindung mit Allmenhausen vorkömmt. In der ersterwähnten heisst es vom Erzbischof Adelbert I. von Mainz: Henrico Gigeburgensi preposito contulimus duas deciumaciunculas, unam in Almenhusen, alteram in Erbesrode. — und in der zweiten bestätigt der Erzbischof Adelbert II. von Mainz jene Schenkung seines Vorgängers mit den Worten: Decimas quoque in villis Ebesrode et Almenbusin confirmamus.

Ausser den vorgenannten soll nach der Meinung einiger auch das ebenfalls der sedes Marksussra angehörige Dorf Algesrode alias Abswenden, welches aber 1506 bereits als desolat bezeichnet wird, in der Allmenhäuser Flur gelegen haben; doch ist dies bis jetzt nur eine Vermuthung geblieben.

Badra und die Domaine Numburg.

Badra, Pfarrkirchdorf mit inclusive Numburg 782 Einw., Nabelgau, 9 km nordöstlich von Sondershausen, liegt an der Sondershausen-Kelbraer Chaussee und in einem kleinen Thale, welches südlich und nördlich von nicht unbedeutenden Höhen begrenzt wird.

Urkundliche Namensformen: Dorf zu der Aue, Dorf bei der Aue, 1197 Badere, 1253 Badera, 1341 das Dorf zu Badere, später Badra; im Volksdialekt: Bader.

Nach dem Dorfe nannte sich eine adelige Familie: von Badere, Badre und Bader, welche auch daselbst begütert war, und von welcher viele Glieder in Urkunden des Stifts Walkenried mit der Bezeichnung famuli vorkommen. Ein Glied dieser Familie, Johannes de Badere, war 1414 officialis ecclesiae Jechaburgensis.

Die Kirche St. Spiritus, sedes Frankenhausen, ist samt dem obern Theile des Thurmes 1721 neu erbaut worden. An der innern Südseite derselben befindet sich auf einer eingemauerten Steinplatte folgende aus Jesaia XXVI., 20. genommene Inschrift:

GEHE HIN MEIN VOLK IN DEINE KAMMER VND SCHLIESE DIE THÜR NACH DIR ZV VERBIRGE DICH EINEN KLEINEN AVGENBLICK BIS DER ZORN FVR VBER GEHE.

Da jeder weitere Zusatz fehlt, so weiss man weder Veranlassung, noch Zeit, denen sie ihren Ursprung verdankt. Wahrscheinlich stammt der Stein mit jener Inschrift noch aus dem vorigen alten Kirchengebäude.

Ursprünglich hatte B. nur eine kleine Capelle, welche die filia von der Kirche zu Steinthaleben war. Da aber der Weg nach der letztern zum Besuch der Messe

und anderer Gottesdienste zu beschwerlich war, so wandten sich die Bewohner von B.
1318 an das Stift Walkenried, dem sowohl ihre Capelle, als auch die Kirche zu Steinthaleben unterworfen waren, mit dem Gesuche, bei dem Erzbischof von Mainz dahin
wirken zu wollen, dass ihre Capelle aus jenem Abhängigkeitsverhältnisse befreit und
das Recht einer Pfarrkirche ertheilt würde. Der Erzbischof genehmigte das Gesuch,
und in seinem Auftrage vollzog 1320 der Decan Friedrich des heiligen Kreuzstiftes zu
Nordhausen die Trennung der beiden Gotteshäuser und weihete die Capelle zu B. zu
einer Pfarrkirche.

Damals bestand letztere nur aus dem unteren Raume des Thurmes und einem
kleinen Vorbau an der Westseite derselben, welcher 1590 erweitert und verlängert
wurde. Die Dachlage des erneuten Anbaues erkennt man noch jetzt an dem Thurme.
Gegen das Ende des folgenden Jahrhunderts war die Kirche samt dem oberen Theile
des Thurmes so baufällig, dass man ernstlich an einen Neubau denken musste, zu dem
es aber gleichwohl erst 1721 kam. Die neue Kirche baute man neben dem Thurm,
so dass sich dieser in der Mitte ihrer Südseite befindet.

Von den drei Kirchenglocken mit 1,1,—0,96 und 0,70 m Durchmesser ist
die grosse von hohem Alter, wie aus ihrer Inschrift hervorgeht (s. Fig. 2).

Fig. 2.

Die mittlere wurde 1817 von Braun in Wasserthaleben und die kleine 1748 von
Joh. Arnold Geyer in Nordhausen gegossen.

Das Dorf B. gehörte im zwölften Jahrhundert zu den Besitzungen des Herzogs
Heinrich des Löwen, von dem es an seine Söhne Heinrich und Wilhelm, Pfalz-
grafen am Rhein kam. Nach einer Urkunde von 1197 genehmigen letztere, dass
Albert von Salza zwei Hufen Land daselbst um 19 Mark an das Stift Walkenried
verkauft. Im folgenden Jahrhundert wird B. sächsisches Pfalzgut genannt und
war im Besitz der Landgrafen von Thüringen, welche die Grafen von Beichlingen-
Rothenburg mit demselben belehnten. Im Jahre 1272 schenkt der Landgraf Albert
von Thüringen alle seine Güter zu B. dem Stift Walkenried, nachdem die mit denselben belehnten Grafen von Beichlingen sie zurückgegeben hatten, und 1341 verkauft
der Graf Friedrich von Beichlingen das Dorf B. an die Grafen von Honstein,
Herren von Sondershausen; 1356 wird es schwarzburgisch.

Von den Grafen von Schwarzburg wurden mit Gütern zu B. belehnt: 1417—1438

Michael und Hermann von „Sundirsbusen", 1516 Jan von „Stogkhusen" und 1533 Heinrich, Lorentz, Christoph, Valten, Hans Caspar, Hans und Cornelius von Rüxleben, letztere mit einem freien Hofe, funfzehn halben Hufen Land, der Schäferei etc., und dieses Lehen, aber um ein Ansehnliches vermehrt, ist noch heute als Rittergut im Besitz der Familie von Rüxleben.

Nach Badra eingepfarrt ist
die fürstliche Domaine Numburg,
urkundlich: 1277 Nuwenburc, 1287 Nuenburg, 1293 Nuenborg, 1312 Nuwenburch und Nuwenborg, 1347 Nunborg, 1352 Nuynborg und Numborg.

Die Numburg liegt 4,2 km nördlich von Badra in jener tiefen und schönen Thalebene, welche den Namen goldene Aue führt. Derjenige Theil dieser Aue, welcher seinem grösseren Umfange nach einst zur Numburg gehörte und das lange Rieth genannt wurde, war schon in frühen Zeiten Eigenthum des Erzbisthums Mainz und der Landgrafen von Thüringen. Im Jahre 1208 verkaufte der Erzbischof Siegfried von Mainz dem Stift Walkenried von seinem Antheile funfzig Hufen Land, und eben soviel trat demselben der Landgraf von Thüringen von seinem Antheile käuflich ab. So besass Walkenried dort hundert Hufen Land und legte zur Bewirthschaftung derselben daselbst Wohn- und Wirthschaftsgebäude an, die man die nuwe Burc — Nuwenburc —, später Numburg nannte. Dieser an sich schon grosse Besitz wurde durch Kauf und Schenkung noch ansehnlich vermehrt, vornämlich durch die Erzbischöfe von Mainz, die Grafen von Kirchberg, Beichlingen-Rothenburg, die Herren von Querfurt u. a. m.

Dem Stift Walkenried verblieb die Numburg mit ihren Zugehörungen ungestört bis zum Bauernkriege, 1525, in welchem dasselbe aber so bedeutende Verluste erlitt, dass es sich genöthigt sah, einen Theil der Numburgischen Besitzungen zu veräussern. So verkaufte es 1526 an Wilhelm Reifenstein zu Stolberg wiederkäuflich auf 18 Jahre einen freien Hof und acht Hufen 25 Acker arthaften Landes, zum Gute Numburg gehörig, wie es dasselbe vor Alters von der Herrschaft Kirchberg pfandweise an sich gebracht.

Nach der Reformation des Klosters Walkenried, 1552, kam die Numburg nach langem Streite zwischen denjenigen, welche auf dieselbe Anspruch zu haben glaubten, an das Haus Braunschweig, obwohl der Convent zu Walkenried noch fortbestand und unter Genehmigung der Herzöge von Braunschweig über seine Besitzungen verfügen konnte. So belehnten 1610 der Prior Sebastian Zollmann, der Subprior Heinrich Eckstrom etc. den Wilhelm Storcksu mit denselben Gütern, welche vormals wiederkäuflich an W. Reifenstein abgetreten worden waren, und der Herzog Julius von Braunschweig, Bischof von Halberstadt, bestätigte die Belehnung. — Nach Aufhebung des Klosters Walkenried, 1668, belehnte das Haus Braunschweig mit denjenigen Grundstücken, welche noch zur Numburg gehörten, aber kaum den zehnten Theil ihres ehemaligen Umfangs betrugen, 1678 die Töchter des Obersten von Holstein. Von diesen kaufte der Graf Christian Wilhem von Schwarzburg-Sondershausen im Jahre 1686 die Numburg um 4000 Thaler, und seitdem ist sie schwarzburgische Domaine.

Wüstung. Auf einem 1 km südwestlich von der Numburg sich erhebenden und zu ihrem Flurbezirke gehörenden Berge stand, wie die Sage berichtet, einstmals eine Burg oder ein Schloss, und diese Sage scheint durch den Namen Schlossberg.

2

welchen jener Berg noch heute führt, bestätigt zu werden. Spuren von dem Schlosse
selbst finden sich dort zwar nicht mehr; doch dürfte ein Aufwurf daselbst als von
einem Walle desselben herrührend zu betrachten sein. Urkundlich ist von dem betr.
Schlosse nichts bekannt.

Westlich von der Stelle, an welcher jenes Schloss gestanden haben soll, befinden
sich Mauerreste, die als die Grundmauern der Capelle oder Kirche St. Petri und
kleiner Anbauten anzusehen sind, welche, wie urkundlich beglaubigt ist, auf jenem
Berge lagen. Den Grundriss derselben stellt Fig. 3 dar.

Fig. 3.

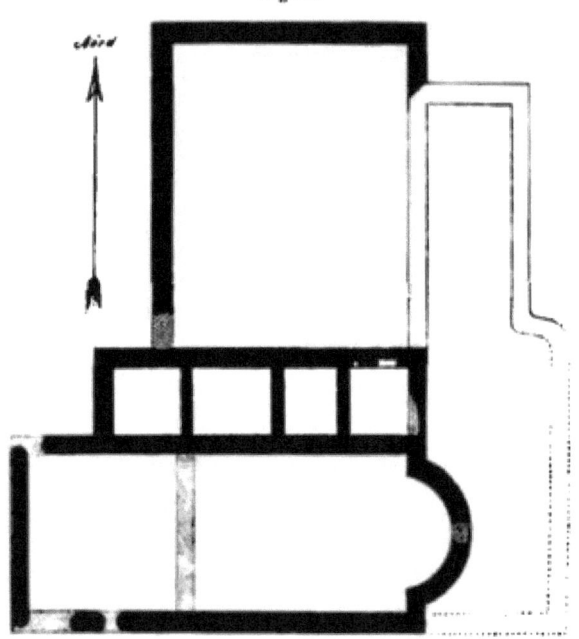

Die Länge der Kirche im Innern betrug 20 m, die Breite 8 m und die Tiefe
der Altarnische 2,50 m. Ob die im Innern angedeutete Linie eine Quermauer bezeichnet, welche bestimmt war, die Länge derselben in zwei Theile zu trennen, oder
nur das Fundament zu Säulen und dergleichen war, ist nicht ersichtlich. An der
Aussenseite der Altarnische und eines Theiles des Ostgiebels ist das Fussgesims erhalten.

Das an der Nordseite der Kirche aufgeführte Gebäude war 17,50 m lang und
3,50 m breit und bestand aus vier Gemächern oder Zellen. Wahrscheinlich dienten

sie als Wohnungen für die Vicare des Klosters Walkenried, welche namentlich zur Wallfahrtzeit in jener Kirche die Messe zu lesen hatten.

An das Zellengebäude grenzte gegen N. ein einst von einer Mauer umgebener Raum, 16 m lang und 15 m breit, an dessen Südwestecke sich eine Thüröffnung befand. — Ueber die Bestimmung dieses Raumes hat man nur Vermuthungen; vielleicht war er eine Halle für die Wallfahrer.

An der Ostseite des eben beschriebenen Raumes finden sich noch Spuren einer nach O. sich erstreckenden 7 bis 8 m langen Mauer, die sich nach S. fortzusetzen scheint. Doch sind daselbst keine Mauerreste zu bemerken, sondern man findet nur Steingerölle, das sich in fast gerader Richtung bis zur Südostecke der Capelle erstreckt. Wozu dieser Raum bestimmt war, ob zu einem Hofraume oder dergleichen, ist unbekannt.

Neben der östlichen Begrenzung dieses Raumes ziehen sich in gleicher Richtung und Länge derselben drei Wallgräben entlang, an die sich nach S. hin einst der Gottesacker in einer Länge von 50 m und einer Breite von 30 und einigen Metern anschloss. In neuerer Zeit urbar gemacht, sind seine östlichen und südlichen Umgrenzungen verschwunden; doch findet man an seiner Westseite noch zwei Wallgräben. — Die vorstehend mit ihren Anbauten und nächsten Umgebungen näher beschriebene Capelle St. Petri ist eine einst weit und breit bekannte und viel besuchte Wallfahrtscapelle, derer in verschiedenen Urkunden gedacht wird. Nach einer Urkunde von 1253 schenkt der Graf Heinrich von Gleichen dieselbe dem Kloster Walkenried. Er selbst schildert sie in der betr. Urkunde als schon längst in Verfall gerathen und tritt sie mit allen seinen Rechten und Ansprüchen an derselben dem Convent zu Walkenried unter der Bedingung ab, dass derselbe sie aufs beste aufrichte und gebrauche. Der Convent kam dieser Bedingung nach, indem er sie alsbald wieder herstellen liess. Als der Erzbischof Werner von Mainz 1262 den Abt Ditmar III. zu Walkenried beauftragte, in allen ihm unterstellten Capellen die Sacramente administriren und predigen zu lassen, verordnete der letztere dies auch für die Capelle St. Petri, besonders an ihrem Einweihungsfeste, am St. Peters- und Paulstage. Von da an pflegte man diese Capelle fleissig zu besuchen, und als sie bald nachher auch noch mit einem dreissigtägigen Ablass für diejenigen versehen worden war, welche sich an dem Weihetage derselben in ihr einstellen, aufrichtig Busse thun und einen Umzug um den Gottesacker halten würden, so wallfahrtete alljährlich eine grosse Menge Volkes zu derselben. Durch die bei dieser Gelegenheit dargebrachten Opfergaben soll sie ein grosses Vermögen erworben haben.

Ueber die Zeit ihres Bestehens und die Ursache ihres Unterganges hat sich keine Kunde erhalten.

Bebra,

Kirchdorf mit 762 Einw., Wippergau, 2,8 km südwestlich von Sondershausen, liegt an der von Sondershausen nach Erfurt resp. nach Langensalza und Mühlhausen führenden Chaussee und unweit der Nordhausen-Erfurter Eisenbahn — der Bahnhof, Station

Sondershausen, liegt 1 km nördlich vom Dorfe, aber noch in dessen Flur —. B. wird von dem Flüsschen Bebra durchflossen, welches 3 km südlich davon im sog. Geschling entspringt.

Die Kirche St. Georgii, urkundlich 1202 ganz mit der Kirche zu Jechaburg vereinigt und daher im Archidiaconatsregister nicht besonders aufgeführt, ist Filial von Jechaburg und wurde samt dem Thurme 1700 neu erbaut; letzterer erfuhr 1819 einen Umbau.

Die Kirche besitzt einen sehr werthvollen silbernen und vergoldeten Abendmahlskelch (s. Beilage II) von 0,18 m Höhe und 0,10 m obern Durchmesser. Er hat einen doppelten sechstheilig ausgeschweiften Fuss, der durch eine durchbrochene Gallerie verbunden ist. Auf einem der sechs Felder, die bis zu dem ebenfalls sechstheiligen Knauf fein ciselirt sind, befindet sich unten ein Crucifix; die sechs Knaufköpfe haben in silberner Umfassung schwarze Steine mit eingelegten vierblätterigen goldenen Blumen. Ueber dem Knaufe stehen die Buchstaben: I. H. E. S. V. S. und unter demselben: M. A. R. I. A.

Von den drei Kirchenglocken mit 0,85,—0,69 und 0,57 m Durchmesser wurden die grosse 1874 von Gebr. Ulrich in Apolda und die beiden anderen 1844 von Joh. Heinr. Ulrich in Laucha gegossen.

Nach B. eingepfarrt sind: das Chausseehaus im Geschling, die Geschlingmühle, die Weissmühle, die Eisenhütte, die Teichmühle und eine Ziegelei, sämtlich südlich von B., eine Ziegelei, eine Dampfsägemühle und der Bahnhof der Station Sondershausen nördlich, die Pfortmühle und ein Privathaus nordöstlich von B.

In der Nähe von B. soll 933 einer der beiden Heereshaufen der Hunnen von den Truppen des Kaisers Heinrich I. geschlagen worden sein — der andere wurde bekanntlich bei Merseburg überwunden —. Mehrere Orte, wie der Sülzenborn, das Isarthal, der Todtenberg u. a. m. sollen davon den Namen haben; auch sind in den Aeckern dort mehrfach Streitäxte, Lanzen, Sporen, Hufeisen, Halsschmuck von Pferden etc. gefunden worden, die von einigen als ebenfalls von den Hunnen, von andern jedoch als von den Wenden oder Slaven herrührend betrachtet werden.

Wüstung. In der Flur von B., südlich vom Dorfe, lag im sog. Geschling vormals das Dorf Huson, auch Husen geschrieben, von welchem sich aber keine Spuren mehr vorfinden; doch soll man zu Anfange unseres Jahrhunderts an dem ehemaligen Standorte desselben die Grundmauern einer Capelle aufgefunden haben.

Das Dorf Huson wird in einer Jechaburger Urkunde von 1128 erwähnt, nach welcher der Erzbischof Adelbert von Mainz ihr den Tauschvertrag bestätigt, durch welchen die Kirche zu Jechaburg ihr Gut in dem Dorfe „Bercha juxta Wiperam" gegen das Dorf Huson im Wippergau resp. im Slinck an die Erben des Grafen Rodulf, Markgrafen der Altmark, abtritt. — In einer andern Jechaburger Urkunde von 1300 heisst es bezüglich des betr. Dorfes: Die Grafen von Honstein übergeben der Kirche zu Jechaburg tauschweise 5 Hufen Land im Felde des „wüsten Dorfes Husen".

Photogr. Aufn. v. A. Weinstock, Sondershausen.   Lichtdruck v. Römmler & Jonas, Dresden.

Der Abendmahlskelch der Kirche zu Bebra

Photogr. Aufn. v. A. Weinstock, Pößneck.

Lichtdruck v. Römmler & Jonas, Dresden.

Der Altarschrein in der Kirche zu Bellstedt.

Bellstedt,

Pfarrkirchdorf mit 263 Einw., Winidon, mit einem Rittergute, 14,1 km südöstlich von Sondershausen, liegt am rechten Ufer der Helbe und zum Theil am nördlichen Abhange einer Anhöhe, die sich bis zur Helbe abdacht und jenseit derselben sich wieder erhebt, so dass man von S. und N. her das Dorf erst sieht, wenn man demselben ganz nahe gekommen ist.

Urkundliche Namensformen: 977 Balderstedi, 979 Bilistat, 1292 Bilstete, 1309 Belstete, 1333 Belstethe, 1467 Belstedte; im Volksdialekt: Bellscht.

Die Kirche St. Andreae, sedes Marksussra, gutsherrlichen Patronats, Mutterkirche von der zu Thüringenhausen, ist ein sehr altes Gebäude und ursprünglich im gothischen Stil erbaut. — Im Jahre 1585 war sie so baufällig, dass die Gemeinde zu B. auf ihr Gesuch von dem Grafen Hans Günther von Schwarzburg einen offenen Brief erhielt, durch welchen ihr gestattet wurde, zu dem Bau resp. der Reparatur ihrer Kirche Beiträge zu sammeln. Bei der Reparatur, die sie hierauf erfuhr, wurde, wie sich noch erkennen lässt, die Südseite derselben neu aufgeführt und erhielt dabei anstatt der früheren kleinen und schmalen gothischen Fenster längere und breitere. Von dem alten Gebäude sind erhalten geblieben die Ostseite — Altarraum — mit vier schmalen gothischen Fenstern und an der Nordseite das gothische Portal und die dazu gehörige Kirchthür mit den alten eisernen Bändern, dem Schlosse und dem Schlüssel derselben, alles von höchst alterthümlicher Form. Das über dieser Thür befindliche Fenster ist ebenfalls gothisch.

Von demselben hohen Alter, wie die Kirche, also aus dem dreizehnten oder vierzehnten Jahrhundert stammend, ist der in ihr befindliche Altarschrein (s. Beil. III), der zugleich ein treffliches Werk der alten Holzschneidekunst ist. Das Mittelstück desselben stellt auf reichem Goldgrunde die Krönung der Maria durch Gott Vater und Sohn dar, und daneben stehen in den beiden über einander befindlichen Feldern je zwei Heilige; auf den beiden Seitenflügeln befinden sich die zwölf Apostel, sechs auf jedem Flügel. Auf der Rückseite des rechten Flügels ist die Geburt Christi, auf der des linken Flügels die Anbetung desselben durch die Weisen des Morgenlandes dargestellt. Am obern Rande des Schreins befindet sich eine kleine etwas schadhafte Gallerie von Draht, in deren Mitte ein kleines Crucifix steht, welches seiner romanischen Form nach aus dem Anfange des dreizehnten Jahrhunderts stammen mag. — Unterhalb des Altarschreins stehen vor der Altarnische drei Heilige in halber Leibesgrösse.

Von ziemlich hohem Alter sind auch die beiden sehr schweren kupfernen Altarleuchter, die schon im Kircheninventar von 1688 verzeichnet stehen.

Der gutsherrliche Kirchenstand ist besonders durch die Gegenstände bemerkenswerth, die sich auf demselben befinden und in kriegerischen Emblemen: Kanonen, aufgepflanzten Kugeln, Lanzen, Fahnen u. a. m. bestehen. Derselbe wurde von dem schwedischen Oberst von Krackenhof, dem damaligen Besitzer des Ritterguts zu B., erbaut und in der angegebenen Weise ausgeschmückt. An der Süd- und Westseite dieses Kirchenstandes befinden sich je zwei Wappenschilder, die ursprünglich das krackenhofsche Wappen enthielten; jetzt findet man auf denselben das Wappen der Herren von Niebecker.

    Neben der Kirchthür innerhalb liegt ein grosser Stein, zum Knieen oder Sitzen für diejenigen bestimmt, welche Kirchenbusse zu thun hatten. Auf einem Täfelchen über demselben steht: Psalm 130,1.: Aus der Tiefe ruf ich, Herr, zu dir etc. — Uebrigens ist jeder Sitz in der dortigen Kirche mit einem Bibelspruche versehen. —

    Unter den heiligen Gefässen der Kirche zeichnet sich durch seinen Kunstwerth der silberne und vergoldete Abendmahlskelch von 0,18 m Höhe und 0,10 m obern Durchmesser aus. (Vergl. den Kelch auf Beilage II, dem er sehr ähnlich ist.) Sein sechstheiliger Fuss ist mit einem kunstvoll durchbrochenen Rande versehen, die von demselben bis zu dem sechstheiligen Knauf sich erstreckenden Felder sind fein ciselirt; die Knaufköpfe bestehen aus schwarzen Steinen mit goldenen und silbernen Verzierungen. Ueber dem Knaufe befinden sich die goldenen Buchstaben: C. R. I. S. T. V̇. und unter demselben: I. H. C. S. M. E. (In hoc calice sanguis meus est). Unter dem Fusse steht: Heinrich Dorn (Dörre, Name des Schenkgebers) 1570. Da nach dem Urtheile der Kenner der Kelch bezüglich seiner stilvollen Form in die classische Zeit solcher Arbeiten zurückweist, so mag der Schenkgeber ihn wohl alt gekauft haben.

    Die drei Kirchenglocken von 0,91—0,62 und 0,45 m Durchmesser, welche in einem auf dem hochgelegenen Gottesacker stehenden Glockenhause hängen, zeichnen sich sämtlich durch ihr Alter aus. Die grosse Glocke hat folgende Inschrift (s. Fig. 4):

Fig. 4.

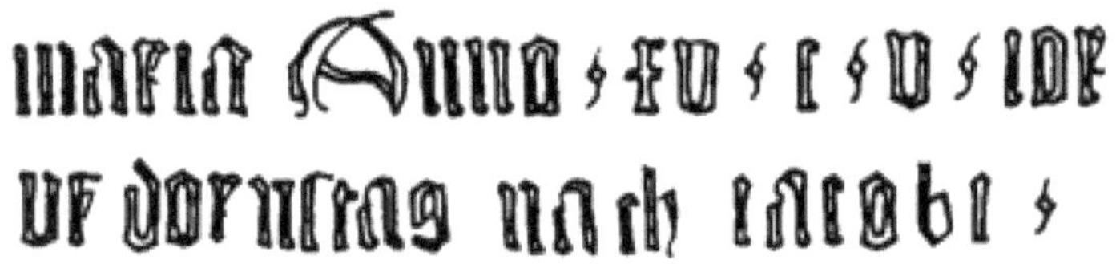

    Die mittlere hat keine Inschrift, ist aber ihrer langen und schlanken Form nach sehr alt, und die kleine hat die Inschrift:

MEA SPES IN CHRISTO. Ao. 1571.

    Das Dorf B. war im dreizehnten Jahrhundert im Besitz der Grafen von Gleichen; denn Graf Albert von Gleichen eignet 1292 dem Kloster Schlotheim die Güter zu „Bilstete“ zu, die Hermann von Almenhusin von ihm zu Lehen gehabt; vom Ende des vierzehnten Jahrhunderts an gehörte Dorf und Freigut daselbst den Grafen von Schwarzburg. Diese belehnten im Laufe der Zeit mit dem letztern die Ritter von Bendeleben, von Ebeleben, die Herren von Brüheim u. a.; 1638 schenkte der Graf Anton Heinrich dasselbe seinem Kammerdiener. Dieser verkaufte bald nach Beendigung des dreissigjährigen Krieges das Gut an den schwedischen Oberst von Krackenhof, welcher zu demselben noch drei Bauerngüter daselbst erwarb. Aus diesen Gütern und einigen neueren Erwerbungen besteht das gegenwärtige Rittergut, welches im Besitz einer Familie Schlegel ist.

Der Altar und die Kanzel in der Kirche zu Wendeleben.

Bendeleben,

Pfarrkirchdorf mit 1011 Einw., Nabelgau, mit einem Rittergute, 12,5 km. östlich von Sondershausen, liegt an der Sondershausen-Frankenhäuser Chaussee und an der sog. kleinen Wipper (vergl. Einleitung), welche am östlichen Ende des Dorfes vorüberfliesst und daselbst den kleinen Bach aufnimmt, welcher das Dorf durchfliesst.

Urkundliche Namensformen: 874 Bendeleba, 1136 Bendelere, 1243 Benteleibe, Benteleuba, 1339 Bendeleiben und Bendeleyben.

Nach dem Dorfe B. nannte sich ein in demselben begütertes Rittergeschlecht. Urkundlich aufgeführte Glieder desselben sind: Ascuit von B., libera femina, welche 1136 dem Erzstift Mainz vier Hufen Land in „Bendelere" übergiebt; Bertha, die Wittwe Ewald's von B., welche 1211 zur Hofmeisterin der vierjährigen Prinzessin Elisabeth von Ungarn ernannt und beauftragt wird, dieselbe aus Ungarn nach Thüringen zu geleiten. Von den männlichen Gliedern jenes Rittergeschlechts kommen im 13. und 14. Jahrhundert viele als Zeugen und Burgmänner vor; ein Glied, Eilolfus von B., ist 1303 Mönch im Kloster Göllingen. — Ihre Güter zu B. besassen sie zuerst nur als Lehen der Grafen von Beichlingen, später wurden ihnen Dorf und Schloss verpfändet, und endlich wurden sie mit denselben erblich belehnt (s. unten Profangebäude).

Die Kirche St. Pancratii, sedes Frankenhausen, gutsherrlichen Patronats, auf einer kleinen Anhöhe gelegen, ist sehr alt und erfuhr, wie die Inschrift auf einem an ihrer äussern Südseite eingemauerten Steine besagt, bereits 1588 eine bedeutende Reparatur oder auch einen Umbau. Diese Inschrift ist:

DOMINI DOMVS HAEC NOBILISSIMIS HERMANNO ET CHRISTOPHORO ET EGEL-VOLFFIO FRATRIBVS ET TILONE A BENDELEBEN LOCI HVIVS HÆREDITARIIS OPERIS FORMAM ORDINANTIBVS ECCLESIA SVMTVM FACIENTE AEDIFICATA EST. ANNO 1588.

Die Kirche ist geräumig und hell, und ihr Inneres gewährt besonders seit der Renovation im Jahre 1862 einen äusserst freundlichen Anblick. Dazu tragen zugleich die schönen und werthvollen Kunstdenkmäler bei, an denen sie überaus reich ist. Dahin gehören zunächst der Altar und die Kanzel (s. Beilage IV).

Der Altar ist mit zwar einfacher, aber schöner Holzschnitzerei versehen, besonders aber zeichnet sich die in der Altarnische befindliche Einsetzung des heiligen Abendmahls aus. — Nach einer Inschrift an dem Altar wurde derselbe von Brigitte von Bendeleben, geb. von Rüxleben, hinterlassener Wittwe Jacob's von B. (gest. 1590), zum Andenken an ihren Junker errichtet. Etwas seit- und rückwärts vom Altar steht rechts und links eine Säule, jede mit drei Wappenschildern geschmückt, jene, auf welcher ein Ritter kniet, mit den Wappen der Ritter von Bendeleben, von Schlotheim und von Marschalk, diese, auf welcher eine Nonne steht, mit den Wappen der Ritter von Rüxleben, von Kutzleben und von Hopfgarten.

Die Kanzel, zwischen Altar und Epitaphium freistehend, ist ebenfalls mit Holzschnitzereien versehen und stammt aus dem Jahre 1611. Rechts von dem Kanzelpulte steht am Ende der Brüstung ein Kreuz, welches mosaikartig aus Perlmutter zusammengesetzt ist und zur Unterlage ein Kreuz von Cedernholz hat. Dasselbe stammt aus dem Orient und wurde der Kirche vom Baron Hermann von Uckermann verehrt.

Der Taufstein, aus eichenen Bohlen verfertigt, ist ebenfalls mit kunstfertigen Holzschnitzereien verziert, welche Bilder aus der biblischen Geschichte des N. T. darstellen. Auf dem hohen hölzernen Deckel desselben sind Arabesken eingegraben.

Vor allen aber zeichnet sich durch seine schönen und kunstvollen Holzschnitzereien und andere Verzierungen das Epitaphium der Ritter von Bendeleben aus (s. Beilage V). Dasselbe befindet sich an der Nordseite des Altarchors erhebt sich über dem unter demselben befindlichen Grabgewölbe in einer Breite von 3 m bis zur Decke der Kirche und besteht aus drei sich über einander erhebenden Abtheilungen, von denen die beiden unteren durch dunkelfarbige Säulen begrenzt werden, während die in Holz geschnitzten Figuren und Zierathen weiss und vergoldet sind.

Die untere Abtheilung stellt die Kreuzigung Jesu dar und hat als Ueberschrift den Spruch Joh. III., 16.: Also hat Gott die Welt geliebt, dass etc. — Die mittlere und zugleich die grösste Abtheilung stellt die Auferstehung Jesu dar und hat als Ueberschrift den Spruch Jes. XLIII., 1.: Fürchte dich nicht etc. — Die obere Abtheilung, welche das Ganze krönt, stellt die heilige Dreifaltigkeit dar, über den Wolken schwebend und von Engeln umgeben.

Sämtliche Bilder sind durch kunstvoll in Holz geschnitzte Figuren dargestellt.

Der mittleren Abtheilung des Epitaphiums ist rechts und links noch ein kleiner Seitenflügel mit in Holz geschnitzten Figuren angefügt; auf dem erstern ist Jesus in Gethsemane, auf dem letztern Jesus auf dem Wege nach Golgatha, mit dem Kreuz belastet, dargestellt.

Die untere Abtheilung hat an jeder Seite eine schildartige Tafel; die rechte hat die Inschrift: Jacob Heinrich von Bendeleben und Magdalene von Bendeleben, geb. Säcken, und ihre Ahnen, und auf der an dieser Seite des Epitaphiums befindlichen Säule sind in zwei Reihen je vierzehn Wappen abgebildet. — Auf der Tafel links steht: Balthasar Ludwig von Bendeleben und Anna Sophie, geb. von Gehofen, und ihre Ahnen, und auf der daneben befindlichen Säule sind in zwei Reihen ebenfalls je vierzehn Wappen angebracht.

Am Fusse dieser Abtheilung und des Epitaphiums überhaupt befindet sich die Inschrift: Dieses Epitaphium wurde gesetzt 1661 von Balthasar Ludwig von Bendeleben und dessen Mutter Magdalene, geb. Säcken, angefangen von dessen Vater Jacob Heinrich von Bendeleben — geb. 1581, gest. 1636, — im Jahre 1630, der Kirche zur Zier und seiner adeligen Familie zum Gedächtniss.

Unter dem Epitaphium ist das Begräbnissgewölbe der Familie von Bendeleben, zu welchem zwei eiserne Flügelthüren, dunkel colorirt und mit Rosetten und Arabesken verziert, führen. Ueber demselben stehen die Worte: VIATOR ABI ET DISCE MORI! — An jeder Seite des Eingangs zu dem Grabgewölbe steht ein Engel, der eine mit einem Spaten, der andere mit einer Schaufel in der Hand.

Vor dem Altar liegt der Denkstein des ersten lutherischen Pfarrers zu B., Johann Clajus, gest. 1592. Bevor er Pfarrer daselbst wurde, war er Rector zu Goldberg, dann zu Nordhausen und glänzte nicht blos als lateinischer Dichter, sondern erwarb sich noch grössern Ruhm dadurch, dass er eine für die damalige Zeit sehr gründliche Grammatik der deutschen Sprache schrieb, welche bis zum Jahre 1689 zehn Auflagen erlebte und selbst in fremde Sprachen übersetzt wurde.

An der Wand hinter dem Altare hängen zwei alte grosse Bilder in Rahmen,

Photogr. Aufn. v. A. Weinrich, Sondershausen.   Lichtdruck v. Römmler & Jonas, Dresden.

Das Epitaphium der Herren von Bendeleben
in der Kirche zu Bendeleben.

die Kreuzigung und Auferstehung Jesu darstellend; sie scheinen Seitenflügel eines Altarschreins zu sein und mögen dem 15. oder 16. Jahrhundert angehören.

Am westlichen Ende der Kirche, links vom Eingange, steht ein alter tragbarer Beichtstuhl aus der katholischen Zeit mit schiebbaren hölzernen Gitterfenstern versehen. An dem untern Theile der Vorderseite finden sich Darstellungen von solchen Handlungen, für die Busse zu thun war, z. B. von einem Zweikampfe.

Die drei Kirchenglocken mit 1,17.—1 und 0,60 m Durchmesser sind allesamt alt, ja die mittlere, welche im Jahre 1323 gegossen wurde, ist unter den datirten Glocken der Unterherrschaft die älteste.

Die grosse Glocke hat folgende Inschrift (s. Fig. 5):

Fig. 5.

Die Inschrift der mittlern Glocke ist (s. Fig. 6):

Fig. 6.

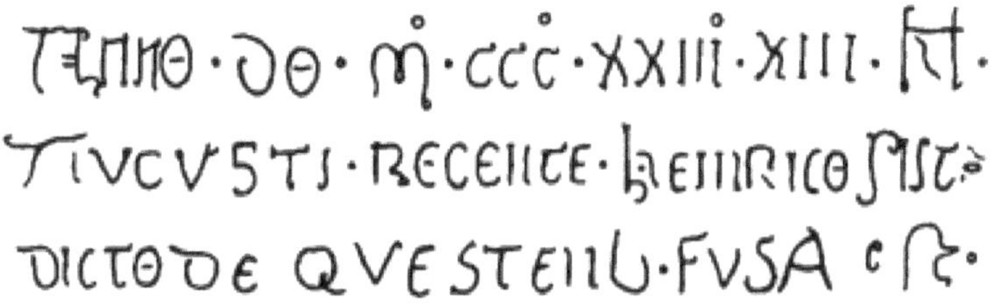

Die kleine Glocke ohne Inschrift ist ihrer schlanken Form nach älter, als die beiden grössern.

Nach B. eingepfarrt ist die Feldmühle, südöstlich davon gelegen.

Profangebäude. Zu den ältesten und ansehnlichsten Profangebäuden, welche sich ehemals zu B. befanden und urkundlich mehrfach erwähnt werden, gehören das Schloss und drei Edelhöfe, von welchen letztern je eins den Rittern von Bendeleben, von Kannawurf und von Tütcherode gehörte. Bis auf den Tütcheröder Hof sind alle diese Gebäude verschwunden, aber auch das letztgenannte, welches nachmals Sitz des dortigen Patrimonialgerichts war und nach Aufhebung desselben dem gutsherrlichen Gärtner zur Wohnung angewiesen worden ist, bietet in Rücksicht seines Baustils nichts Bemerkenswerthes dar.

Dorf und Schloss B. waren im 11. Jahrhundert im Besitz der Grafen von Beichlingen, 1347 verpfändeten sie Beides an die Grafen von Honstein, Herren zu Sondershausen. Als aber Graf Gebhard von Beichlingen 1377 seine ganze Grafschaft theils an die Grafen von Schwarzburg, theils an den Markgrafen Friedrich von Meissen und dessen Bruder, den Landgrafen Balthasar von Thüringen, verkaufte, erhielt letzterer als seinen Antheil Dorf und Schloss Bende-

leben, die er den Rittern von Bendeleben, welche, wie schon mitgetheilt, seit
langer Zeit dort begütert waren, pfandweise überliess. Letztere brachten im Laufe
der Zeit auch die beiden andern Edelhöfe dortselbst an sich, wurden 1433 mit dem
Dorfe, den Gütern und allen Zugehörungen und Rechten erblich belehnt und sind bis
zum Anfange des achtzehnten Jahrhunderts im Besitze alles Vorgenannten geblieben.
In den Jahren 1705 und 1713 ging ihr Besitz käuflich an die Herren von Wurmb
und 1763 an die Herren von Uckermann über, welche letztere ganz neue und
äusserst umfangreiche Wohn- und Wirthschaftsgebäude errichten liessen. Gegenwärtig
ist das Rittergut im Besitz der Familie von Krause.

Das Dorf B. stand bis zum Jahre 1815 unter kursächsischer, dann ein Jahr
lang unter preussischer und seit 1816 unter schwarzburgischer Landeshoheit.

Wüstung. In der Flur von B. führt ein Felddistrikt, etwa 2 km südlich vom
Dorfe und jenseit der sog. Heide an der Göllinger Grenze gelegen, den Namen Schill-
rothe, in welchem einst ein kleines, nur aus wenigen Häusern bestehendes Dörfchen
dieses Namens gelegen haben soll. Spuren von demselben findet man dort nicht mehr.
Der Sage nach lagen vormals in jener von Ortschaften entfernten Gegend einzelne
Gehöfte, deren Bewohner das umliegende Feld bearbeiteten. Eins dieser Gehöfte mag
Schillrothe gewesen sein.

Berka,

Pfarrkirchdorf mit 691 Einw., Wippergau, mit einer fürstlichen Domaine, 5,7 km östlich
von Sondershausen, liegt an einem Arme der Wipper, der Mühlgraben genannt, und
unweit der Sondershausen-Frankenhäuser Chaussee.

Urkundliche Namensformen: 1128 Bercha, 1207 Bergka, 1321 Bercke und
Berke.

Nach dem Dorfe nannte sich eine adelige Familie. Als Glieder derselben werden
urkundlich genannt: 1128 Hermannus et Theodoricus de Bercha, ministeriales
ecclesiae Jechaburgensis, 1207 Theodoricus, comes de Bergka, 1279 Richard
de Berka.

Die Kirche St. Viti, sedes Jechaburg, ist 1763 neu erbaut worden.

Von den drei Kirchenglocken wurde die grosse mit 1,35 m Durchmesser —
sie ist die grösste Dorfglocke der Unterherrschaft   1704 von Joh. Chr. Geyer in
Erfurt, die mittlere mit 0,98 m Durchmesser 1829 von Gebrüder Ulrich in Laucha gegossen, und die kleine mit 0,64 m Durchmesser, welche in einem Schalloche des Thurmes
hängt und sowohl als Läute-, als auch als Seigerglocke dient, hat folgende Inschrift:

IN DEI HONOREM VERVM ECCLESIOLAE BERKANAE VSVM TINTINNABVLVM HOC
SONDERSHVSY SVMTIBVS TOTIVS COMMVNITATIS BERKENSIVM FABRE FACTVM
PASTORE STEPHANO ROSERO ANNO CHRISTI 1623.

Nach einer Urkunde des elften Jahrhunderts lag um jene Zeit in B. ein Schloss,
welches im Besitz des Grafen Dietrich von Berka — eines Sohnes des Grafen
Dietrich von Lora und Enkels Ludwig des Bärtigen — war. Nach dem kinderlosen Absterben desselben war jenes Schloss -- in andern Urkunden Vorwerk genannt — in den Besitz des Stiftes Jechaburg gekommen, wurde demselben aber von

dem Grafen Christian von Rothenburg oder einem Grafen von Kirchberg streitig gemacht. Durch Vermittelung des Erzbischofs von Mainz vertauschte das Stift jenes Vorwerk an die Erben des Grafen Rodulf, Markgrafen der Altmark, gegen das Dorf Huson im Geschling. Vergl. Bebra.

Von jenem Vorwerke oder Schlosse ist keine Spur mehr vorhanden. Als dasselbe in den Besitz der Grafen von Schwarzburg gekommen war, belehnten diese mit demselben im Laufe der Zeit die Herren von Rüxleben, von Sondershausen, von Bessingen u. a. m. Besonders waren die letztgenannten lange Zeit im Besitz jenes Lehngutes. —

Aus den einst zum betr. Vorwerk gehörigen Ländereien und anderen Gütern besteht der Complex der jetzigen fürstlichen Domaine.

Billeben,

Pfarrkirchdorf mit 202 Einw., Altgau, 17,2 km südöstlich von Sondershausen, wird von der von Sondershausen nach Langensalza führenden Chaussee durchschnitten und von einem kleinem Bache durchflossen.

Urkundliche Namensformen: 1130 Beheleven, 1253 Bileybin, 1268 Billeiben, 1300 Byeleyben, 1306 Billeyben und 1308 Bylleiben.

Die Kirche St. Petri, sedes Marksusara, ist klein und alt, doch im Innern hell und freundlich. Im Jahre 1656 war sie so baufällig, dass der Graf Ludwig Günther I. von Schwarzburg-Ebeleben befahl, sie wieder in guten Stand zu setzen, zugleich aber zur Unterstützung der Gemeinde nicht blos in seinem — dem ebeleber — Landestheile eine Collecte ausschrieb, sondern auch seinen Bruder, den Grafen Anton Günther I., ersuchte, eine solche auch in seinem — dem sondershäuser — Landestheile gestatten zu wollen.

An heiligen Gefässen besitzt die Kirche einen werthvollen silbernen und vergoldeten Abendmahlskelch und eine eben solche Patene.

Von den drei Kirchenglocken mit 0,98—0,82 und 0,53 m Durchmesser ist die kleine ohne Inschrift und ihrer Form nach alt; die grosse wurde 1844 von E. Rumpel und die mittlere 1799 von Joh. Lorenz Koch, beide zu Mühlhausen, gegossen.

Das Dorf B. gehörte im elften Jahrhundert den Grafen von Gleichen; 1130 trat aber die Gräfin Heilinburgis von Gleichen dasselbe zugleich mit dem Dorfe Mehrstedt gegen das Dorf und wüste Schloss Volkenrode an den Landgrafen Ludwig von Thüringen ab, um letzteres in ein Kloster zu verwandeln. — Im Jahre 1265 kaufte der Ritter Albert von Ebeleben das Dorf B. von den Landgrafen von Thüringen, nachdem das Voigteirecht über dasselbe schon vorher von den Herren von Herbsleben käuflich an die von Ebeleben gekommen war. Im Jahre 1268 schenkte Albert von Ebeleben das Dorf B. mit allen Einkünften dem Kloster Volkenrode unter der Bedingung, dass dasselbe die Emolumente von jenem Dorfe alljährlich zu bestimmten wohltbätigen Zwecken verwenden solle; 1308 kauften jedoch die Gebrüder Ludolph von Ebeleben B. um 300 Mark zurück, und von da bildete es einen Theil der Herrschaft Ebeleben, bis es mit dieser 1597 resp. 1616 in den Besitz der Grafen von Schwarzburg kam.

Bliederstedt,

Kirchdorf mit 118 Einw., Winidon, 18,9 km südöstlich von Sondershausen, liegt auf einer nicht unbedeutenden Anhöhe, die nach O. hin ziemlich steil ins Thal der Helbe abfällt.

Urkundliche Namensformen: 956 Blidersteti, Blidernsteti, 975 Bliderstede: im Volksdialekt: Blidderscht.

Die Kirche St. . . . ., sedes Greussen, Filial von Otterstedt, ist klein und alt, aber im Innern durch eine in den letzten Jahren stattgefundene Renovation sehr freundlich. — Früher war sie nur eine kleine Capelle, die aus dem unteren Kreuzgewölbe des Thurmes und einem kleinen Vorbau bestand. Der Altar stand zwischen dem starken Gurtbogen, auf welchem der Thurm ruht, wodurch der Gang um denselben sehr eng war; deshalb hat man das Kirchengebäude nach O. hin verlängert und dem Altar seinen Platz in dem Anbau angewiesen.

Die Kirche besitzt einen zwar kleinen, aber mit sehr hübscher Holzschnitzerei versehenen Altarschrein. In der Mitte desselben steht die heilige Anna (selbdritt) mit der gekrönten Maria auf dem einen und dem Christuskinde auf dem andern Arme, und auf jeder Seite derselben befindet sich ein Heiliger. Auf jedem der beiden kleinen Seitenflügel sind zwei Heilige abgebildet.

Der Taufstein besteht aus einem grossen, nur roh zugehauenen Steine und ist uralt.

Vor der Reformation stand die Kirche resp. Capelle mit der Kirche zu Grossenehrich in engster Verbindung; der Gottesdienst in derselben wurde von einem der drei von dem Stift Gandersheim dort eingesetzten Vicare besorgt. Die Verbindung der Capelle zu B. mit der Kirche zu Grossenehrich wurde 1575 aufgehoben, und sie ist von da an Filial von Otterstedt.

Von den beiden Kirchenglocken mit 0,64 und 0,59 m Durchmesser hat jene als Inschrift nur die Jahrzahl: M·D·C·X·X·V·I·; die Inschrift dieser ist:

HÆC CAMPANA FVSA AC, RENOVATA EST, PASTORE PAVLO LVCKFELDT PRÆTORE NICOLAO SAVRBER ANNO CRISTI M D CiX X V I I I.

Unter dieser Inschrift befindet sich an der Vorder- und Rückseite der Glocke je ein Medaillon mit dem Bilde einer Glocke in der Mitte und der Umschrift: Caspar Bebre. — Caspar Weber war Glockengieser in Sondershausen. —

Mitten im Dorfe B. liegt die Hälfte von einem alten Waidmühlensteine, ein Beweis, dass dort einst Waid gebaut wurde.

Eine unbebaute Hausstätte in B. führt den Namen Mönchshof; das Gebäude, welches einst an jener Stelle lag, wird jedenfalls von dem Stifte Gandersheim errichtet und mit Mönchen besetzt worden sein, welche die nicht unbeträchtlichen Ländereien des Stifts in dortiger Flur zu bewirthschaften hatten. Denn 956 hatte der Kaiser Otto I. dem Stifte Gandersheim Güter in Bliderstedt geschenkt, und allmählich soll das ganze Dorf und dessen Zugehörungen in den Besitz jenes Stifts gekommen sein. Nachmals kam die betr. Länderei dort an den Rappenstein, ein vormaliges Gandersheimer Stiftsgut zu Grossenehrich, ist aber nach und nach den Bewohnern unseres Dorfes käuflich überlassen worden.

Fig. 7.

gez. u. lith E.Prelm

Clingen,

Stadtflecken mit 1121 Einw., Altgau, mit einer fürstlichen Domaine, 21,8 km südöstlich von Sondershausen, wird von einem kleinen Arme der sog. preussischen oder schwarzburgischen Helbe, theils um-, theils durchflossen — dieser Arm, die Kupferhelbe genannt, wird durch einen offenen Kanal dahin geleitet, aber der Theil, welcher durch den Stadtflecken fliesst, erhält daselbst den Namen Klinge — und liegt am linken Ufer der sog. sächsischen Helbe.

Bezüglich seines Namens ist zu bemerken, dass der Stadtflecken nicht immer den jetzigen Namen hatte, vielmehr früher und namentlich in den von 1247 bis 1353 vorkommenden Urkunden mit zwei anderen Ortschaften, von denen die eine östlich, die andere westlich davon liegt, den gemeinsamen Namen Gruzin führte. Während die erwähnten beiden Orte zur näheren Bezeichnung die Namen Mart-Gruzin (Marktgreussen) und West-Gruzin (Westgreussen) erhielten, wurde unser Ort zur Unterscheidung von jenen Kling-Gruzin oder Clincgrussen, d. h. Gruzin an einem frischen Quell — Klinge — genannt. Nach der Zeit findet man neben Klinggruzen und Clinggrussen gewöhnlich Clingen -- 1049 Clyngen --, welches bald der ausschliessliche Name wurde.

Die Kirche St. Gumberti, sedes Greussen, soll 1208 erbaut worden sein und drei Altäre — den hohen Altar, den St. Gehülfen- und Unserer-Lieben-Frauen-Altar — gehabt haben. Im Laufe der Zeit hat man mehrmals bedeutende Reparaturen mit derselben vorgenommen: bei der 1840 stattgehabten wurde auch der alte Thurm zur Hälfte abgetragen und neu aufgeführt, und 1881 erfuhr die Kirche im Innern eine durchgreifende Renovation und Verschönerung.

An heiligen Gefässen besitzt die Kirche, welcher 1689 die alten kostbaren Abendmahlskelche, der Kirchenschmuck etc. gestohlen wurden, eine werthvolle silberne und vergoldete Hostiendose, welche mit feinem Blätterwerk verziert ist. Auf dem äusseren Boden hat sie die Inschrift: Mart. Euseb. Mühlhausen, Oculist, Wund- und Schnidtarzt. 1694 -; ferner eine grosse Abendmahlsweinflasche mit einem Schraubedeckel, welche fein ciselirt ist und die Inschrift hat: R. R. K. 1694.

Von den vier Kirchenglocken wurde die grosse mit 1,34 m Durchmesser 1874 von C. Friedr. Ulrich zu Apolda gegossen, und die zweitgrösste von 1,16 m Durchmesser hat die Inschrift:

CONSOLOR VIVA FLEO MORTVA PELLO NOCIVA ○ LORENTZ GVNTZLE VND HERMAN KONIGK ○ ANNO 1597.

Unten um den Kranz der Glocke herum stehen folgende Worte:

VNIGENAM NATVM SCELEROSVM MISIT IN OFBEM ● IN MISEROS PATRIO AMORE DEVS ● MORTE SVA NOSTRAM REPARARET VT ILLE SALVTEM ● TRADITA PRO NOBIS VICTIMA QVANDO FVIT ● JOHANAM ● 3 ● WOLFGANGVS BVCHNER PFARHER ● ●

Zwischen den beiden Inschriften dieser Glocke befindet sich auf der Vorder- und Rückseite derselben je ein Medaillon mit einer männlichen Figur; die eine (s. Fig. 7) hält in der linken Hand eine Traube und in der rechten wahrscheinlich ein Messer, jedenfalls ein Instrument zum Abschneiden der Trauben und soll ohne Zweifel den Noah vorstellen, eine Hindeutung auf den um jene Zeit in Clingen eifrig betriebenen Weinbau; die andere (s. Fig. 8) stellt einen Geistlichen vor, der, indem er in der einen Hand einen Kelch hält und die andere segnend über denselben ausstreckt, an den religiösen Genuss des Weines erinnern soll.

Die dritte Glocke von 0,89 m Durchmesser wurde 1823 von Braun in Wasserthaleben und die kleinste von 0,68 m Durchmesser wurde 1718 von Sorber und Geyer in Erfurt gegossen.

. Nach Cl. sind die Neumühle und die Pfaffenhofmühle eingepfarrt.

Ausser der Kirche St. Gumberti befand sich in Clingen vormals noch eine Capelle, capella St. Andreae ante castrum, wie sie im Jechaburger Archidiaconatsregister bezeichnet wird. In derselben waren zwei Vicarien, vicaria St. Johannis evangeliste und vicaria Sanctorum Gumberti, Beate Virginis et Nicolai. Diese Capelle hatte ihren eigenen Vicar, der zugleich den Gottesdienst in Westgreussen zu besorgen hatte. Eine Strasse östlich von den Seitengebäuden der Domaine, also in der Nähe des ehemaligen Schlosses, führt noch heute den Namen Vicariengasse; wahrscheinlich lag in derselben die Dienstwohnung des erwähnten Vicars.

Bis zum Jahre 1509 war die Kirche St. Gumberti die Mutterkirche von der zu Westgreussen; in dem erwähnten Jahre erhielt letztere einen eigenen Pfarrer in der Person des Vicars an der Capelle St. Andreae vor dem Schlosse zu Cl. und zwar unter der Bedingung, wöchentlich eine Messe in der genannten Capelle zu halten.

Profangebäude. An der Westseite des Stadtfleckens Cl. lag früher eine ziemlich umfangreiche Burg (Schloss) mit einem hohen Thurme. Der ganze Raum, den einst diese Burg mit ihren Nebengebäuden einnahm, lässt sich theilweise noch deutlich an dem ringsum befindlichen, jedoch, ein kleines Stück ausgenommen, niedrigen Gemäuer erkennen; der Thurm aber ist gänzlich abgebrochen worden. Das Ganze war von einem tiefen Wallgraben umgeben, der theilweise noch vorhanden und mit Wasser gefüllt ist.

Zu dieser Burg wurde von dem Grafen Heinrich II. von Honstein, Herrn zu Sondershausen, wenigstens der Grund gelegt, nachdem er in der ersten Hälfte des dreizehnten Jahrhunderts von dem Landgrafen Albrecht von Thüringen mit den Dörfern Greussen (Mart-, Cling- und Westgreussen) belehnt worden war und 1260 die Erlaubniss erhalten hatte, in den beiden letztgenannten Orten Burgen zu bauen; nach ihrem bedeutenden Umfang zu urtheilen, hat aber Graf Heinrich sie wahrscheinlich nicht ganz vollendet.

Im vierzehnten Jahrhundert kamen Stadtflecken und Schloss in den Besitz der Grafen von Schwarzburg, die von da an auf dem letztern öfters Hof hielten. Als dasselbe gegen die Mitte des sechzehnten Jahrhunderts baufällig zu werden anfing, beschloss der damalige Graf Günther XL., östlich von demselben ein neues Schloss, und zwar, wie der Augenschein lehrt, nach einem bescheidenen Maassstabe zu erbauen. Obwohl der Grundstein zu demselben bereits 1542 gelegt wurde, so ging der Bau doch nur langsam von statten, indem gleichzeitig zu Sondershausen der Neubau des Residenzschlosses in Angriff genommen worden war; 1547 wurde, um Baumaterial zu gewinnen, der Thurm ganz und vom alten Schlosse ein Theil abgetragen. Als aber 1552 Graf Günther XL. starb, scheint der Weiterbau zunächst eingestellt worden zu sein. Doch muss in den siebziger Jahren das Wohnhaus wenigstens ziemlich fertig gewesen sein, indem der Graf Hans Günther 1577 und 1578, während welcher Zeit zu Sonders-

Fig. 8.

gez. u. lith. E. Palm.

hausen die Pest grassirte, auf demselben Hof hielt. Im Jahre 1584 mochte aber wohl der
Bau derselben vollendet sein, denn in demselben wurde das Thor zwischen dem Schlosse
und der Frohnveste errichtet, wie aus der Inschrift an dem rechten Thorpfeiler hervorgeht:
AEDIFICATIO PORTAE HVIVS LAPIDEAE EXTRVCTA EST ANNO 1584.

Zwar trägt das in gotbischem Stile ausgearbeitete Portal des Wohngebäudes die
Jahreszahl 1597, doch mag dasselbe erst nachträglich eingesetzt worden sein. Zugleich
mit dem Schlosse wurden bedeutende Neben- und Wirthschaftsgebäude aufgeführt, als
Weinkeller, Zinsböden, Darre, auch die Frohnveste, die sich sämtlich nördlich von dem
Hauptgebäude an einander reihen.

Nachmals war das letztere Dienstwohnung des Vorstandes vom Justizamte Clingen,
später die des Rentamtmannes dort, und jetzt ist es die Wohnung des Pächters der
fürstlichen Domaine.

Ein zur Domaine gehöriges Haus führt den Namen Ohmschenke; in demselben
wurde, so lange von Seiten der Domaine Bierbrauerei betrieben wurde, Bier verschenkt.
Ursprünglich soll es dem Tempelherrnorden gehört haben und ist jedenfalls älter,
als die übrigen Domainengebäude.

Clingen war bis 1282 ein Dorf; in dem erwähnten Jahre erhielt es Stadtrecht
und 1353 eigene Statuten. In seinem Stadtwappen führt es den heiligen Gumbertus,
der auch der Schutzheilige der dortigen Kirche ist.

Dass die Bewohner von Cl. vom sechzehnten bis zum neunzehnten Jahrhunderte
sich neben andern Erwerbszweigen ganz besonders des Weinbaues befleissigten, ist schon
in der Einleitung näher besprochen worden.

Wüstungen. Etwa 1 km nordwestlich von Cl. lag früher das Kloster St.
Catharinae, welches in einer Urkunde vom Jahre 1200 vorkommt, nach welcher der
Probst und das Capitel desselben lehnsherrlich den Vertrag bestätigen, durch welchen
der Ritter „Henrich von Rinkeleyben" dem Kloster Ilfeld ein Gehölz bei Velten-
gelde käuflich überlässt. Noch vor wenigen Jahrzehnten fand man an der bezeichneten
Stelle Grundmauern und Gräber.

In derselben Richtung von Cl., aber eine kleine Strecke weiter nach NW. lag
früher das Dorf Pfaffenhofen, von welchem die Pfaffenhofmühle den Namen hat,
welche in der Nähe des vormaligen Standortes jenes Dorfes liegt. Pf. wird in dem
Jechaburger Archidiaconatsregister von 1506 unter den Orten angeführt, welche zur
sedes Greussen gehörten. — Nach einer Urkunde von 1417 wird Hans von Kuzze-
leiben von den Grafen von Schwarzburg mit Gütern in Pf. belehnt. —

Ebeleben mit Marksussra.

Ebeleben, Stadtflecken mit inclusive Marksussra 1424 Einw., Altgau, mit einem
fürstlichen Schlosse und einer fürstlichen Domaine, 15,6 km südwestlich von Sondershausen, liegt am nördlichen Abhange und Fusse einer Anhöhe und, mit Ausnahme
einiger Häuser, am rechten Ufer der Helbe, wird von der Sondershausen-Mühlhäuser
Chaussee durchschnitten und ist Endstation der von Hohenebra — einer Station der
Nordhausen-Erfurter Eisenbahn — nach Ebeleben führenden Secundärbahn. Das
Stationsgebäude liegt jedoch fast 1 km nordöstlich davon entfernt.

Urkundliche Namensformen des Ortes sind vom 12. bis zum 16. Jahrhundert: Ebeleiben, Ebeleuben und Ebeleybin. — Nach dem Orte nannte sich ein Adelsgeschlecht, die Ritter von Ebeleben resp. Ebeleiben, Ebeleuben, Ebeleybin und Ereleiben. — Vergl. das unten bei „Schloss zu Ebeleben" über sie Mitgetheilte. —

Die Kirche St. Bartholomaei, sedes Marksussra, liegt an der Südwestseite des Orts auf einer kleinen Anhöhe, zu welcher drei steinerne Treppen führen. Sie ist schon alt, erfuhr aber 1702 einen bedeutenden Umbau. Durch eine vor wenigen Jahren stattgefundene Renovation wurde ihr Inneres sehr geschmackvoll hergestellt.

In derselben befinden sich mehrere Epitaphien, unter denen sich sowohl durch seine Grösse, als auch durch seinen Kunstwerth das des Ritters Hans von Ebeleben und dessen Gemahlin Magdalena, geb. Pflugin von Lamperswalde, auszeichnet (s. Beilage VI). Dasselbe befindet sich in dem unteren Kreuzgewölbe des Thurmes.

Hinter dem Altare steht das Grabdenkmal der Prinzessin Friederike Auguste, geb. 1723, gest. 1725, der ältesten Tochter des Prinzen August I. von Schwarzburg. Mitten über der Inschrift steht die aus dem Himmelsgewölbe herableuchtende Sonne, rechts von derselben blicken Engel, links leuchten Sterne aus demselben hervor. Neben der Inschrift steht an beiden Seiten je ein Engel; der rechts hält die über der Inschrift befindliche Fürstenkrone, der links zeigt mit der Hand gen Himmel.

An der Südseite der Kirche befindet sich ein Anbau mit dem vormals gräflichen, jetzt fürstlichen Erbbegräbniss und der davor gelegenen Sacristei. Dieser Anbau wurde unter dem Grafen Christian Günther I. (gest. 1642) ausgeführt und erfuhr 1884 eine durchgreifende Restauration. Zu dem Begräbnissgewölbe führt jetzt von der Sacristei aus eine eiserne Wendeltreppe; in demselben stehen zwei Särge: der mit wohlerhaltener goldener Inschrift versehene kupferne Sarg der Gräfin Anna Juliane, geb. 1613, gest. 1652, der ältesten Tochter des Erbauers, und der Sarg des Fürsten Günther Friedrich Carl I., geb. 1760, gest. 1837.

Unter den heiligen Gefässen der Kirche zeichnen sich ein silberner und vergoldeter Abendmahlskelch und eine eben solche Hostiendose (s. Beilage VII) durch ihren Kunstwerth aus. Jener, von 0,20 m Höhe und 0,10 m obern Durchmesser, hat einen sechseckigen Fuss, auf dessen fein ciselirten Feldern sich glatte Blätterranken erheben. Der Kelchstamm hat drei Knaufe; der untere mit sechs leeren Nischen und der obere sind sechseckig, der mittlere ist rund und mit muschelförmigen Bogen versehen. — Die Hostiendose, von gothischer Stilform, hat einen viereckigen Untersatz mit acht Nischen und ist 0,6 m hoch, während der thurmartige Deckel eine Höhe von 0,13 m hat.

Von den vier Kirchenglocken mit 1,27,—1,5—0,80 und 0,55 m Durchmesser zeichnet sich die zweitgrösste durch ihr Alter und ihre Inschrift aus (s. Fig. 9).

Fig. 9.

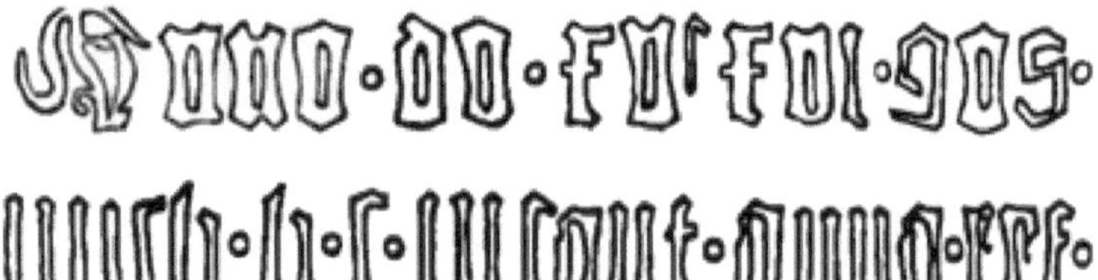

Photogr. Aufn. v. A. Wetzstein, Sondershausen.   Lichtdruck v. Römmler & Jonas, Dresden.

Das Epitaphium des Ritters Hans von Ebeleben und dessen

Photogr. Aufn. v. A. Wiberack, Sondershausen.

Lichtdruck v. Römmler & Jonas, Dresden.

Der Abendmahlskelch und die Hostiendose der Kirche zu Ebeleben

Die grosse Glocke wurde 1836 von Robert Meyer in Ohrdruf, die dritte, ein Geschenk des Prinzen August I., 1742 und die kleine 1832 von Friedrich See zu Creutzburg gegossen.

Nach E. eingepfarrt ist die westlich davon gelegene Teichmühle, sowie der Bahnhof und die Zuckerfabrik, nordöstlich davon gelegen.

Auf dem freien Platze nördlich von der Kirche und südlich von dem dort befindlichen Teiche lag Jahrhunderte hindurch das Gebäude der Stiftsschule, einer für E. und die ganze Umgegend wichtigen Anstalt. Die Schule wurde 1552 nach Aufhebung des Klosters Marksussra von dem Ritter Hans von Ebeleben gegründet und bestand bis 1829, in welchem Jahre sie aufgehoben und mit dem Gymnasium zu Sondershausen vereinigt wurde. Sie war für zehn Schüler bestimmt, welche sich eine höhere wissenschaftliche Bildung erwerben wollten, und gewährte denselben nicht blos freien Unterricht, sondern auch völlig freie Pension. — Nach Aufhebung dieser Anstalt diente das Gebäude noch mehrere Jahre als Gemeindeschulhaus, wurde aber, nachdem die Gemeinde das Justizamtsgebäude erworben und zu Schulzwecken eingerichtet hatte, abgebrochen.

Unter den Rectoren der betr. Stiftsschule ist besonders der als Chronist höchst verdienstvolle Paul Jovius rühmlich hervorzuheben, welcher an derselben von 1616 bis 1633 wirkte.

Profangebäude. Das fürstliche Schloss, westlich von der Kirche und noch etwas höher, als diese, gelegen, überragt den ganzen Ort, wird darum ziemlich weit gesehen und gewährt der Umgegend einen sehr freundlichen Anblick. Seit dem Tode des Fürsten Günther Friedrich Carl I. im Jahre 1837 hat kein Glied des Fürstenhauses auf demselben wieder Hof gehalten, vielmehr ist es seitdem einer oder mehreren fürstlichen Behörden als Sitz und deren Personal als Wohnung angewiesen worden.

Das Schloss besteht aus einem ziemlich umfangreichen, zwei Höfe umfassenden Gebäudecomplex (s. Fig. 10), der aber aus sehr verschiedenen Zeiten stammt. Der älteste Theil desselben liegt an der Ostseite des oberen Hofes und wird das Ebeleber Haus genannt. Mit demselben samt dem Dorfe Ebeleben wurde von den Landgrafen von Thüringen im zwölften Jahrhunderte eine Familie belehnt, die sich nach dem Dorfe nannte und jenes Haus zu ihrem Stammsitze und zum Hauptorte der kleinen Herrschaft machte, welche, ausser Ebeleben, aus den Dörfern Marksussra, Billeben und Holzsussra bestand und, theils durch Belehnung, theils durch Kauf, in ihren Besitz gekommen war. Mit dem Dörfchen Marksussra wurden die Ritter von Ebeleben von den Grafen von Gleichen belehnt, das Dorf Billeben kaufte Albert von Ebeleben 1265 von den Landgrafen von Thüringen, und das Dorf Holzsussra erwarben Ludolph, Otto und Albrecht von Eb. 1340 von den Grafen von Honstein um 70 Mark. — Längere Zeit waren die Ritter von Eb. auch im Besitze des Dorfes Bothenheilingen; doch war dasselbe kein Pertinenzstück der Herrschaft Ebeleben, sondern ein für sich bestehendes Gerichtsdorf. Daneben waren sie mit Gütern in einigen benachbarten Orten belehnt.

Um 1370 und 1372 trugen die Herren von Eb. die Güter, welche bis dahin zur Hälfte ihr freies Eigenthum gewesen waren — die andere Hälfte war kursächsisches Lehen — den Grafen von Schwarzburg zu Lehen auf und empfingen sie als solches zurück. Von diesen Gütern heisst es in den betr. Urkunden, „dass sie in den

Grafschaften W i n k e l n und K i r c h b e r g gelegen seien, als Ebeleben mit Zugehörungen,
Billeben und Holzsussra nebst den Waldungen Fuchsloch (Fuchslohe) und Hotzenberg".

Aus der Reihe ihrer Glieder sind besonders hervorzuheben: A l b e r t, welcher
1277 das Kloster Marksussra gründete (vergl. Marksussra), dessen Bruder H e i n r i c h,
Erzbischof von Mainz, und H a n s, welcher 1544 die Reformation in seiner Herrschaft
einführte, 1551 das Kloster Marksussra aufhob und mit dem grössten Theile von
den Einkünften desselben die 1552 von ihm ins Leben gerufene Stiftsschule zu
Eb. dotirte.

Die Familie der Ritter von Eb. starb mit J o h a n n   C h r i s t o p h aus, welcher
1578 geboren war und 1651 als kursächsischer Oberhofrichter zu Wittenberg starb;
doch war er nicht mehr im Besitz der Herrschaft Ebeleben, indem dieselbe 1597 resp.
1616 durch nothwendigen Verkauf an die G r a f e n   v o n   S c h w a r z b u r g gekommen war.

In der zweiten Hälfte des sechzehnten Jahrhunderts waren nämlich die Herren
von Eb. so verschuldet, dass sie sich genöthigt sahen, ihre Herrschaft zu verkaufen.
Die Grafen von Schwarzburg, welche seit 1372 über dieselbe die halbe Lehnsoberhoheit
und derzufolge ein Vorkaufsrecht hatten, brachten sie 1597 um 120,000 Gülden an
sich, zugleich mit dem Erbieten, auch das um 6000 Gülden verpfändete Dorf Bothenheilingen einzulösen; da aber gegen ihr Vorkaufsrecht mancherlei Einsprüche erhoben
wurden, so verzögerte sich die Uebergabe der betr. Herrschaft an die Grafen von
Schwarzburg bis zum Jahre 1616.

Als die Grafen von Schwarzburg in den Besitz von Eb. kamen, bestand das
Schloss daselbst ausser dem östlichen Flügel, dem sog. Ebeleber Haus, noch aus einem
nördlichen Flügel, das M ü h l h ä u s e r Haus genannt, weil die Mühlhäuser denselben
auf Befehl des Herzogs Georg von Sachsen an der Stelle des Gebäudes hatten aufführen müssen, welches im Bauernkriege (1525) von den Rotten des Thomas Münzer,
zu welchen die Mühlhäuser das bedeutendste Contingent gestellt, zerstört worden war.
Die Jahreszahl 1530 an diesem Flügel bezeichnet das Datum seiner Vollendung.

Unter diesen Grafen erfuhr das Schloss bedeutende Erweiterungen und Ver-
schönerungen, indem fast immer eine Linie des gräflichen Hauses auf demselben residirte.
Besonders viel that in dieser Beziehung der Graf L u d w i g   G ü n t h e r I., dem bei der
Theilung des Landes ums Jahr 1643 Ebeleben zugefallen war, und der von 1651 bis
1666 auf dem Schlosse daselbst Hof hielt. Er baute den südlichen Flügel mit dem
Schlossthurme, verband auch das Ebeleber und Mühlhäuser Haus, also den Ost- und
Nordflügel, durch ein besonderes Gebäude und führte an der Westseite des Schloss-
hofes zwischen dem Süd- und Nordflügel eine hohe Mauer mit einem eisernen Gitter-
thore auf, so dass derselbe von allen Seiten geschlossen war. Von demselben Grafen
rühren auch die Gebäude her, welche den nördlich an den oberen Hof grenzenden
unteren Hof umgeben, und in welchen sich die Canzlei, der Marstall, Kutschremisen etc.
befanden. — Auch dem Prinzen A u g u s t I., welcher das Schloss bis zu seinem Tode,
1751, bewohnte, verdankt dasselbe nebst dem angrenzenden Garten manche Ver-
besserung. — Besonders viel that aber für den erwähnten Garten der Fürst C h r i s t i a n
G ü n t h e r (reg. 1758—1794), indem er denselben 1774 nach französischem Geschmacke
mit schattigen Gängen und Lauben, kühlen Grotten, Springbrunnen und einem sehr
hübschen Wasserfalle versehen, mit Statuen schmücken und selbst mit einer Rasen-
bühne (Theater) ausstatten liess, deren Coulissen von beschnittenen Hecken gebildet
wurden. An der Nordseite des Gartens liess er zwei Gewächshäuser und zwischen den-

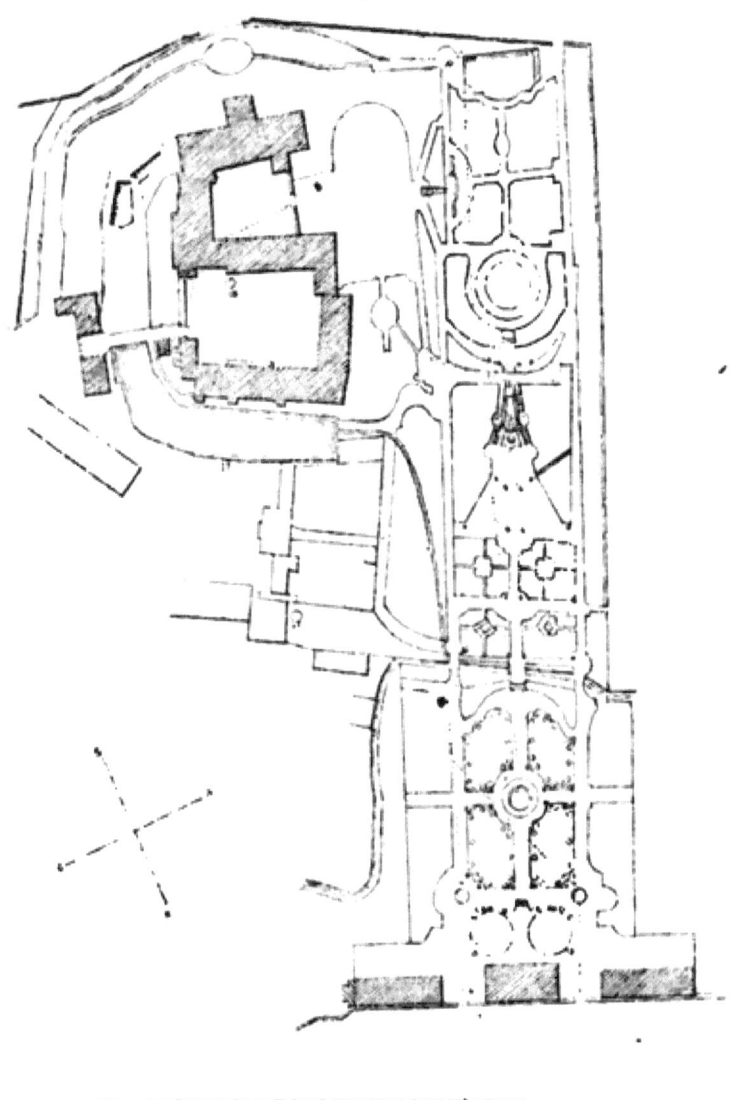

Fig 10

selben ein grosses Orangen- und Palmenhaus — letzteres seit 1882 das Carl-Marien-Rettungshaus — errichten. S. Fig. 10. — Im Jahr 1781 versorgte derselbe Fürst Schloss und Garten mit gutem Wasser, welches er von dem benachbarten Dorfe Rockensussra durch eiserne Röhren dahin leiten liess. Das Schloss war von der Ost- und Nordseite mit einem tiefen Wallgraben umgeben, über welchen ehemals eine Zugbrücke führte. Der Fürst Christian Günther liess 1772 statt der letzteren eine steinerne Brücke, vor derselben ein stattliches Thor und die beiden links und rechts daneben stehenden Gebäude errichten. Der rechte Thorpfeiler trägt als Krönung das schwarzburgische Wappen, von einem Ritter gehalten, der linke das bernburgische Wappen, von einem Bären gehalten. — Der Wallgraben ist zum Theil ausgefüllt und wird als Gartenland benutzt, zum Theil steht er noch unter Wasser.

Die Gebäude der fürstlichen Domaine, gewöhnlich das Vorwerk genannt, liegen ziemlich in der Mitte des Orts, östlich von dem bereits erwähnten Teiche. Das Wohngebäude ist schon alt, hat aber bezüglich seines Baustiles nichts Bemerkenswerthes aufzuweisen; die Neben- und Wirthschaftsgebäude stammen meistens aus neuerer Zeit.

Marksussra. Mit dem Stadtflecken Ebeleben bildet Marksussra, ein kleines Dorf, zum Gau Winidon gehörig, seit der Reformationszeit in jeder Beziehung nur eine Gemeinde. Das Dörfchen, etwas über 1 km nordöstlich von Ebeleben, liegt an der von Sondershausen nach Langensalza resp. Mühlhausen führenden Chaussee und an der Hohenebra-Ebeleber Secundärbahn, deren Endstation Ebeleben sich in dessen nächster Nähe befindet.

Urkundliche Namensformen: ums Jahr 800 Suzare, 979 Suozare, 1143 Suzere, 1157 Suzzero, 1268 Marchtsuszere, 1301 Martsuzere, im 15. Jahrhundert Marketsuzere, Marcsuszere, Marcksuszera und Marksussra; im Volksdialekt: Sobster.

Der Sage nach war M. schon im Anfange des achten Jahrhunderts vorhanden; denn in dessen Nähe soll sich 731 oder 732 Bonifacius auf seiner Bekehrungsreise mit seinen Begleitern, flüchtig vor den Heiden in der Gegend des Frauenberges bei Sondershausen, zuerst wieder gesammelt haben. Der Anklang, den er mit der Verkündigung des Evangeliums bei den Bewohnern jener Gegend fand, veranlasste ihn, nördlich von M. eine Capelle zu erbauen, die er seiner Begleiterin Walpurgis weihete. Die Stelle, wo dies geschah, damals eine Wiese, führt, obwohl längst Ackerfeld, noch heute den Namen Bonifaciuswiese; von der Capelle St. Walpurgis aber ist keine Spur mehr vorhanden. Doch soll der Ritter Albert von Ebeleben sie im dreizehnten Jahrhundert noch vorgefunden und, nachdem er sie hatte restauriren lassen, dem Cistercienser-Nonnenkloster daselbst überwiesen haben.

Dieses Kloster war eine Stiftung des ebengenannten Ritter Albert, der dasselbe im Jahre 1277 auf seinem zu Marksussra gelegenen Vorwerk mit Consens der Grafen von Gleichen als Lehnsherren ins Leben rief. Ehe noch die Klostergebäude ganz vollendet waren, liess der Stifter zehn adelige Jungfrauen aus dem Kloster Büren auf dem Eichsfelde und bald nachher vier bürgerliche Jungfrauen aus dem Kloster Annrode kommen, die er auf seine Kosten unterhielt und ihnen zu ihren gottesdienstlichen Uebungen die restaurirte Walpurgiscapelle anwies. Die Stiftung erhielt 1287 von dem Erzbischof Heinrich von Mainz, einem Bruder des Stifters, die Bestätigung.

3*

Das Kloster, von dem Gründer und dessen Söhnen reich dotirt, gelangte bald in den Besitz grosser Einkünfte, indem ihm Bullen verliehen wurden, nach welchen es allen Wohlthätern desselben reichen Ablass verleihen konnte, und wurde so bedeutend, dass es zum Sitze eines Erzpriesterthums im Archidiaconat Jechaburg erhoben ward. Als solchem waren ihm die Kirchen und Capellen der ganzen Umgegend unterworfen. Vergl. Einleitung.

Das Kloster bestand bis zur Mitte des sechzehnten Jahrhunderts. Nachdem es nämlich im Bauernkriege (1525) sehr gelitten hatte, ja zum Theil verwüstet worden war, auch bereits mehrere Stellen des Convents unbesetzt waren, hob Hans von Ebeleben, welcher 1544 nicht blos selbst lutherisch geworden war, sondern die Reformation auch in seiner Herrschaft eingeführt hatte, dasselbe auf, liess die wenigen noch vorhandenen Klosterjungfrauen bis zu ihrem Tode verpflegen und verwandte den grössten Theil der Klostereinkünfte dazu, zu Ebeleben die oben erwähnte Stiftsschule ins Leben zu rufen. — Von den Klostergebäuden ist keins mehr vorhanden.

Feldengel,

Pfarrkirchdorf mit 321 Einw., Engilin, 18,9 km südöstlich von Sondershausen, liegt an der südlichen sanften Abdachung einer Hochebene.

Der Name dieses Dorfes, wie der dreier anderer Dörfer mit der Endung engel, Wester-, Kirch- und Holzengel, hat in alten Urkunden eine verlängerte Form: engilin, engilda, engelde und engele, und demgemäss findet man den Namen unseres Dorfes geschrieben: 1200 Veltengelde, 1411 Veilt Engele, 1417 Velt Engelde, 1420 Velt- und Veld Engelde, 1467 Feldtengilde. — Ueber diese Dörfer und den Gau Engilin vergl. Einleitung.

Die Kirche St. Matthaei, sedes Greussen, ist 1771 neu erbaut worden, wie aus der Inschrift auf einem Steine an der äusseren Südseite derselben erhellt; zugleich steht auf jenem Steine der Spruch Pred. Salom. IV. 17.: Bewahre deinen Fuss etc.

Das erste Kirchengebäude dort war eine kleine Capelle, welche aus dem unteren Kreuzgewölbe des Thurmes und einem östlichen, ebenfalls mit einem Kreuzgewölbe versehenen Anbau bestand. Später, vielleicht 1497 oder auch erst 1661 — beide Jahreszahlen befinden sich über resp. neben dem Eingange zum Gottesacker — erweiterte man das Kirchengebäude nach W. hin, das Kreuzgewölbe des Thurmes wurde Sacristei und der Gurtbogen des Thurmes nach dem östlichen Theile der Capelle hin zugemauert. Letzterer ist noch vorhanden, besteht aus sehr starken Mauern, aber von seinem Kreuzgewölbe sind nur noch die vier Consolen oder Kempfer-Gesimse erhalten. Von den vier langen und schmalen gothischen Fenstern, die sich früher in diesem Theile der Capelle befanden, sind die drei an der Ostseite zugemauert, das vierte an der Südseite ist unverändert geblieben. Durch diesen Anbau führt jetzt der Weg zum Thurme.

Die drei Kirchenglocken von 1,21—0,82 und 0,64 m Durchmesser sind sämtlich alt: die grösste und älteste hat folgende Inschrift:

Fig. 11

grez u nttx.L Dada.

Die Kirche St. Martini, sedes Greussen, ist von 1687 bis 1691 neu erbaut worden, nachdem die alte von 1424 bis 1483 erbaute Kirche 1687 mit dem grössten Theile der Stadt ein Raub der Flammen geworden war.

Im Innern derselben befinden sich mehrere zwar einfache, aber sehr geschmackvolle Holzschnitzereien, besonders an dem Altar, der Kanzel und den unteren Emporen.

Der Altar (s. Beilage VIII) hat einen sehr hübschen Ueberbau, der von zwei kunstfertig gearbeiteten korinthischen Säulen getragen wird, und in der Nische desselben befindet sich ein Oelgemälde, die Auferstehung Jesu, ein Werk des trefflichen Malers Beck zu Erfurt.

An dem Rathskirchenstande auf der unteren nördlichen Empore sind zwei gräflich-schwarzburgische Wappen, von feinen Holzschnitzereien umrahmt.

In der Mitte des Kreuzganges steht ein alter Opferstock von Eichenholz mit eingeschnittenen Arabesken aus dem Jahre 1691, und am westlichen Ende desselben ist an einem Pfeiler das Crucifix aufgestellt, welches bei den sog. grossen Leichen vorangetragen wurde. — Nach einer daran befindlichen Inschrift wurde es am 6. September 1598 der Kirche von dem Verwalter Johann Schmidt zu Schlotheim verehrt.

Die Kirche besitzt ferner einen Gegenstand, wie ihn wohl kaum eine zweite aufzuweisen haben dürfte, nämlich einen Bratenwender. Ueber denselben findet sich im dortigen Kircheninventar-Verzeichnisse folgende Notiz: „Im Jahre 1602 den 18. August gab Herr Bürgermeister Heinrich König einen Bratenwender mit sechs Spiessen, dass ihn ein Knabe wenden könnte, 24 Thaler an Werth, in die Kirche. Weil er sowohl hier, als auch an anderen Orten ofte gebraucht wurde, und man vor den halben 6 Gr., von dem ganzen Werk aber 12 bis 16 Gr. zu geben pflegte, hat er der Kirche viele eingebracht, bis er endlich im Jahr 1687 den 2. Juli in dem grossen Brande Schaden gelitten, dass er itzo zwar noch in der Kirche ist, aber unbrauchbar". — Gegenwärtig wird er in der alten Sacristei im Erdgeschosse des Thurmes aufbewahrt.

Die Decke der Kirche, der sog. Kirchenhimmel, ist mit Gemälden ausgestattet, deren Gegenstände der biblischen Geschichte entnommen sind; sie haben aber keinen besondern Kunstwerth.

Unter den heiligen Gefässen der Kirche zeichnet sich der aus der vorreformatorischen Zeit stammende silberne und vergoldete Abendmahlskelch aus. Derselbe ist 0,19 m hoch, hat 0,9 m oberen Durchmesser und einen doppelten sechstheilig ausgeschweiften Fuss, in dessen sechs bis zum Knauf sich erstreckende Felder Arabesken eingravirt sind. Auf einem der Felder befinden sich am untern Ende zwei Medaillons; das eine enthält auf goldenem Grunde einen schwarzen Fürstenhut und zwei Halbmonde, das andere auf goldenem Grunde einen schwarzen Halbmond. Um den runden Knauf herum laufen zwei Reihen von je sechs muschelförmigen Schildern mit Arabesken, und zwischen diesen beiden Reihen sind silberne Verzierungen, deren goldene Mitte fein ciselirt ist. — Auf dem sechseckigen Schafte des Kelches steht über dem Knauf: HILFVN., und unter demselben: MARIAH.

Ein werthvolles Kunstwerk besitzt die Kirche in einem Kanzelpult-Tuche von anscheinend sehr hohem Alter. Dasselbe besteht aus 1,28 m langem und 0,60 m breitem blassrothem Seidenzeuge, in welches ein 0,75 m hohes und 0,27 m breites Crucifix — die Figur des Gekreuzigten 0,30 m lang — mit Gold- und Silberfäden und Seide von geschickter Hand mit sorgsamster Ausführung der erforderlichen Schattirung

Photogr. Aufn. v. A. Weinstock, Sondershausen.　　　　　　　　Lichtdruck v. Romueler & Jonas, Dresden.

Der Altar in der Stadtkirche zu Greussen

gestickt ist. Am Fusse des Kreuzes befinden sich die Symbole des Todes, ein Todtenschädel und zwei über einander gekreuzte Gebeine, ebenfalls mit Seide gestickt.

Von den vier Kirchenglocken mit 1,56,—1,18,—0,92 und 0,75 m Durchmesser ist keine von besonders hohem Alter. Die grosse Glocke wurde 1727 von Paul Hiob Hahn zu Gotha, die zweitgrösste, ein Andenken der Bürgerschaft an die dreihundertjährige Jubelfeier der Uebergabe der Augsburgischen Confession 1830, wurde von Gebr. Ulrich zu Laucha, die dritte 1742 von Joh. Heinrich Brauhoff zu Nordhausen und die kleine 1704 von Jacob Poppe zu Erfurt gegossen.

In die Kirche St. Martini sind eingepfarrt: die Ziegelei, die Krähmermühle und die Steinfahrtsmühle, sämmtlich nördlich von Greussen gelegen.

In kirchlicher Beziehung ist noch zu erwähnen, dass Greussen der Sitz eines Erzpriesterthums vom Archidiaconat Jechaburg war. Ueber die Orte, deren Kirchen und Capellen der sedes Greussen unterworfen waren, vergl. Einleitung.

Die Hospitalkirche (Betsaal) besteht in einem zum gottesdienstlichen Gebrauche eingerichteten Zimmer des 1705 neu erbauten Hospitals St. Spiritus vor dem Grüninger Thore. Bis dahin hatte das Hospital ein besonderes Kirchengebäude, welches dem jetzigen Hospital gegenüberlag, aber wegen Baufälligkeit abgebrochen wurde. Als ein schönes Andenken an die alte Kirche besitzt der Betsaal einen zwar kleinen, aber ziemlich gut erhaltenen Altarschrein (s. Beilage IX), dessen zum Theil vergoldetes Bildwerk samt der Holzschnitzerei nicht ohne Kunstwerth ist. Auf dem Mittelstücke befinden sich drei Figuren: rechts St. Christophorus, das Christuskind mit der Weltkugel in den Händen auf der linken Schulter tragend, während er mit der rechten Hand einen in einen Baum verwandelten Stab ergriffen hat; in der Mitte eine Figur mit einem Buche in der Hand (Jesus?) und links die gekrönte Maria mit dem Kelch in der Hand. — Auf dem rechten einfachen Flügel befindet sich die heilige Anna selbdritt, auf dem rechten Arm das Christuskind, auf dem linken die Maria haltend. Auf der Rückseite dieses Flügels ist die Verkündigung der Maria dargestellt: der Engel Gabriel steht vor der Maria, und auf einem zwischen beiden befindlichen gewundenen Bande stehen die Worte: AVE MARIA GRACIA PLENA DNS TECVM. — Auf der Vorderseite des linken Flügels steht rechts St. Thomas, links ein Pilger; auf der Rückseite stehen St. Michael und St. Erasmus.

Von den drei Capellen, welche sich nach Chroniken und Urkunden vormals in Greussen befanden, ist keine Spur mehr vorhanden, aber ihr Andenken zum Theil noch unvergessen. Es waren: die Capelle St. Crucis vor dem Clingenschen Thore oder den sog. drei Linden, welche Bonifacius 731 gegründet und die bis ins funfzehnte Jahrhundert gestanden haben soll; — die Capelle B. M. V. in appfentbail, unter welchem Namen sie im Jechaburger Archidiaconatsregister als zur sedes Greussen gehörig aufgeführt wird, welche am nördlichen Ende des Marktplatzes lag, 1437 während und wahrscheinlich auch wegen des von 1424 bis 1483 dauernden Baues der dortigen Stadtkirche gegründet, aber bereits 1558 auf Befehl des Grafen Hans Günther wegen Baufälligkeit wieder abgebrochen wurde. An dieselbe wurde 1528 Johannes Thal als Vicar berufen, der sich um die Einführung der Reformation in Schwarzburg, besonders in Greussen und Grossenehrich, verdient machte. — Die dritte der erwähnten Capellen war die St. Urbani und St. Gertrudis, die ebenfalls im Jechaburger Archidiaconatsregister erwähnt wird, von der aber jede weitere Kunde fehlt.

Profangebäude. Das erste Gebäude der Stadt Gr. soll nach den Berichten ei niger älteren thüringischen Chronisten, denen Sternickel in seiner Chronik von Greussen und andere in gutem Glauben es nacherzählen, eine Burg gewesen sein, die da gelegen habe, wo gegenwärtig der sog. Schieferhof stehe: zugleich bezeichnen sie dieselbe als das Stammhaus der Ritter von Greussen, der nachmaligen Herren der neuen Ansiedelung. Allein dass dieser Bericht auf bloser Vermuthung beruht, ergibt sich daraus, dass sich in keiner Urkunde bis zum dreizehnten Jahrhundert auch nur die geringste Andeutung von einer Burg zu Greussen findet, vielmehr erfahren wir aus einer Urkunde von 1260, dass der Landgraf Albrecht von Thüringen, als er dem Grafen Heinrich II. von Honstein die Erlaubniss ertheilt in den Dörfern Greussen Burgen zu bauen, Marktgreussen ausdrücklich davon ausnimmt, es also nur für Clinggreussen und Westgreussen gestattet. Erst durch eine Urkunde von 1272 erlaubt er ihm die Erbauung einer Burg in Marktgreussen, und letzterer wird nicht gezögert haben, von dieser Erlaubniss Gebrauch zu machen.

Diese vom Grafen Heinrich von Honstein erbaute Burg ist nun nach ihren Hauptbestandtheilen in dem an der Südwestseite der Stadt gelegenen sog. Schieferhofe oder sächsischen Hofe noch vorhanden. Zwar hat sie im Laufe der Zeit manche Veränderung erfahren und erscheint jetzt äusserlich in einem modernen Gewande; aber es sind von ihr noch fast durchgängig die ungemein starken Mauern, tiefen Fensternischen, sowie die steinernen Thür- und Fenstereinfassungen erhalten. Ein früher an ihrer Westseite gelegener Thurm ist zwar abgebrochen, aber man erkennt nicht allein die Stelle seines einstigen Standortes sehr genau, sondern es ist auch noch der Keller vorhanden und wohlerhalten, der einst unter jenem lag, und es kann somit das betr. Gebäude als das älteste der Stadt Greussen betrachtet werden.

Geschichtlich ist über die qu. Burg, in Urkunden gewöhnlich das „hus Gruzen" oder „Gruzin" genannt, Folgendes zu berichten. Erbaut wurde sie jedenfalls bald nach dem Jahre 1272; ebenso finden wir auf ihr bald Burgmänner oder Voigte, und als solche werden ums Jahr 1320 Theodor von Tenstete, Witigo von Ebra und Friedrich von Sundershusen genannt. Aber bereits 1339 sah sich Graf Heinrich III. von Honstein, Herr zu Sondershausen, welcher durch geführte Fehden und Kriege in Schulden gerathen war, genöthigt, das Haus Greussen seinen Vettern, den Grafen von Honstein, und den Grafen von Wernigerode um 600 Mark löthigen Silbers zu verpfänden, und überantwortete alsobald die Burg den Rittern Heinrich von Schernberg und Heinrich von Rykersleben als Executoren, welche nach dem zwischen den Gläubigern und dem Schuldner gemachten Vertrage die Burg an den letzteren wieder zurückgeben sollten, wenn er nach Ablauf von sechs Monaten die Schuld berichtigt hätte; im entgegengesetzten Falle hätten sie dieselbe den erstern auszuliefern.

Ob Graf Heinrich die Burg eingelöst hat, wird nicht gemeldet; sie war aber wenigstens am Ende des vierzehnten Jahrhunderts in andern Händen und kam 1483 an das Haus Sachsen, von welcher Zeit an sie der sächsische Hof heisst. Unter diesem Namen kam sie später mit den ihr zustehenden Rechten — eigener Gerichtsbarkeit und Jagdfreiheit auf dem ihr zugehörigen Grund und Boden — in Privatbesitz, wurde 1822 von fürstlicher Kammer zu Sondershausen käuflich erworben, von derselben aber nicht lange nachher ohne die ihr vorher zustehenden Vorrechte wieder veräussert. Seit mehreren Jahren ist der sächsische Hof im Besitz eines Kunstgärtners.

Nächst dem sächsischen Hofe war der sog. Waidhof wohl das älteste Gebäude

Photogr. Aufn. v. A. Weitwisch, Sondershausen.

Lichtdruck v. Römmler & Jonas, Dresden.

Der Altarschrein in der Hospitalcapelle zu Greussen.

in Gr. Der Sage nach war es vormals ein Kloster; doch hat man von ihm als solchem nicht die geringste Kunde. Seinen Namen hat es wahrscheinlich dadurch erhalten, dass es zur Zeit, als in der Flur von Greussen Farbekräuter gebaut wurden, für Waid und dergleichen als Niederlage diente. An seiner Stelle ist in jüngster Zeit ein neuer Fruchtspeicher errichtet worden.

Die ältesten Bauten und Bauwerke der Stadt sind aber unstreitig die Stadtmauern und die auf denselben errichteten Thürme. Dieselben liess der Graf Heinrich II. von Honstein, in dessen Besitz Gr. in der ersten Hälfte des dreizehnten Jahrhunderts gekommen war, um die ganze Mittelstadt aufführen, vor denselben Wallgräben aufwerfen und die Zugänge zu dem in solcher Weise befestigten Theile der Stadt mit Thoren und Zugbrücken versehen. Die Mauern sind, wenn auch nicht in ihrer ursprünglichen Höhe, noch erhalten, von den Thürmen jedoch ist, den nach innen offenen Unterbau ausgenommen, keiner mehr vorhanden, und die Wallgräben sind ausgefüllt und mit Obstbäumen bepflanzt.

Wenn gleich der oben erwähnte Bericht einiger Chronisten, dass das erste Gebäude von Gr. eine Burg und diese das Stammhaus der ersten Herren der neuen Ansiedelung, der Ritter von Greussen, gewesen sei, sich, wie nachgewiesen, als eine blose, durch nichts bestätigte Vermuthung erwies, so steht doch urkundlich fest, dass es ein Rittergeschlecht von Greussen gegeben. Dasselbe trat aber erst im dreizehnten Jahrhundert auf, und seine Wiege scheint nicht in Nordthüringen, sondern in dem damals nur in Südthüringen liegenden Schwarzburg gestanden zu haben. Zuerst kommt in einer Urkunde des Klosters Volkenrode von 1229 Reinardus de Grucen vor; 1233 nennen sich Gundelous und Reinardus theils de Schwartzburgk, theils de Grucen, und 1247 traf Graf Dietrich von Honstein einen Tausch bezüglich eines Weinberges und eines Garten zu Greussen, welche die Kirche daselbst von einem gewissen Reinhard von Schwartzburgk resp. von Grucen gekauft hatte. — Den Namen von oder de Schwartzburgk führten die Genannten jedenfalls nach ihrem Geburtslande. — Vom dreizehnten bis zum sechzehnten Jahrhundert finden wir die Herren von Gr. in mehreren Orten der heutigen Unterherrschaft und der Umgegend, besonders aber in der Oberherrschaft begütert; doch widmeten sich auch einige Glieder derselben dem geistlichen Stande; so war Johannes de Grussen 1389 Prior des Klosters Pforte und Ernfridus de Grussen 1391 Vicar im Stift Jechaburg.

Greussen wurde nach der allgemeinen Annahme bereits im sechsten Jahrhundert von den Sachsen gegründet, nachdem diese nach dem Untergange des Königreichs Thüringen (vergl. Einleitung) in den Besitz von Nordthüringen gekommen waren. Nächst Sondershausen und der Sachsenburg mag Gr. eine der ersten Ansiedelungen der Sachsen im neuerworbenen Lande gewesen sein, und sicher haben wir dort, wo die Altstadt liegt, den Anfang derselben zu suchen, und zur Wahl jener Gegend veranlasste ohne Zweifel die dort in nächster Nähe vorüberfliessende Helbe.

Als eine Gründung der Sachsen mag Gr. wohl längere Zeit unter sächsischen Statthaltern gestanden haben; nachher finden wir es in dem Besitz der Franken und später in dem der Landgrafen von Thüringen, welche ums Jahr 1241 mit demselben die Grafen von Honstein, Herren zu Sondershausen, belehnten. Bis dahin war Gr. ein Dorf gewesen, die neuen Besitzer erhoben es zur Stadt und liessen den mittleren Theil, die Mittelstadt, mit Mauern, Wallgräben etc. versehen. Diese Befestigungen der Stadt waren wahrscheinlich auch der Grund, weshalb, wie bereits

berichtet, der Landgraf dem Grafen Heinrich nicht sogleich gestattete, daselbst eine
Burg zu bauen. — Im Jahre 1356 fiel mit der betr. Grafschaft Honstein auch
die Stadt Gr. den Grafen von Schwarzburg als Erbe zu und ist ihnen verblieben.
Als Stadt erhielt Gr. auch ein Stadtwappen. In dem Siegelstempel desselben
wird der heilige Martin zu Pferde sitzend dargestellt, wie er mit seinem Schwerte
ein Stück von seinem Mantel abschneidet und es einem Armen reicht; nachdem die
Stadt schwarzburgisch geworden war, nahm sie noch den Löwen als schwarzburgisches
Hoheitszeichen in dasselbe auf.

So lange Gr. ein Dorf war, betrieben die Einwohner, aufgemuntert durch die
Lage des Orts in fruchtbarer Gegend, wohl vornämlich Ackerbau, wozu später auch
Weinbau und die Cultur von Waid und anderen Farbekräutern kam; als das
Dorf zur Stadt erhoben war, trat zu der früheren Beschäftigung der Bewohner eine
nach und nach immer umfangreichere Gewerbthätigkeit.

Wüstungen. Etwa 3 km östlich von Greussen ist die Wüstung von dem
Dorfe Röllhausen, urkundlich 1224 Röledehusen, 1358 Ruldebus, 1479 Rulhusen, später Rolhausen, Rullhausen und Rüllhausen, dessen Flur an Greussen,
Grüningen und Ottenhausen gekommen ist, nach welchen Orten sich die Einwohner
des untergegangenen Dorfes geflüchtet haben werden. Dieses Dorf ist jedoch nicht,
wie man hier und da angegeben findet, im Bauernkriege (1525) zerstört worden,
sondern es war nach einer Reinhardtsbrunner Urkunde bereits 1358 eine Wüstung;
denn es heisst in jener Urkunde, dass der Abt Wilhelm jenes Klosters etlichen
Bürgern zu Greussen einen Theil des Gotteshauses zu Ruldebus, da ein Vorwerk
gewesen sei, mit allen Nutzungen abgegeben habe. — Nach einer Urkunde von 1479
wurde zwischen dem Abt Nicol von Reinhardtsbrunn und dem Grafen Heinrich von Schwarzburg verabredet, dass der Rath von Greussen die Beschwerungen
abstellen solle, welche des Geschosses wegen auf die Güter zu Rulhusen gelegt worden
wären, aber wie Olearius in seiner thüringischen Chronik berichtet, wurde der
funfzigjährige Hader der Stadt Greussen mit den Ottenhäusern wegen der Flur des
zerstörten Dorfes Rolhausen erst 1523 durch Herzogs Georg von Sachsen und
des Grafen Günther von Schwarzburg Abgeordnete vertragen und die Fluren
versteinigt. — Von dem Dorfe selbst ist keine Spur mehr vorhanden.

Südwestlich von Gr., vor dem sog. Ritterthore, ist die Wüstung Pfaffenhausen,
die von einem Dörfchen dieses Namens herrühren soll. Der dort belegene Kirchberg
hat der Sage nach seinen Namen davon erhalten, dass auf demselben die Kirche von
Pf. lag. In der Nähe dieses Berges ist man noch in neuerer Zeit beim Pflügen auf
Gräber und menschliche Gebeine gestossen, was jene Sage zu bestätigen scheint. Von
etwaigem Mauerwerk findet sich dort nichts vor.

Grossbrüchter,

Pfarrkirchdorf mit 686 Einw., Altgau, mit einem Rittergute, 24,2 km südwestlich von
Sondershausen, liegt in der Senkung einer Hochebene, die nach S. ziemlich stark abfällt;
das Oberdorf wird von der Keula-Ebeleber Chaussee durchschnitten.

Urkundliche Namensformen: 874 Burihtridi, 1206 Bruchterde, 1362 Bruch-

tirde, Bruchtride und Brüchterde, 1409 Brüchterdin, 1506 Bruchtern superior, 1532 Bruchter und Grossen Bruchter.

Die Kirche St. Spiritus, sedes Marksussra, Mutterkirche von der zu Kleinbrüchter, liegt auf einer kleinen Anhöhe des Unterdorfes und wurde von 1593 bis 1597
neu erbaut. Ein über der Kirchthür an der Südseite eingemauerter Stein enthält
folgende darauf bezügliche Inschrift:

ANNO 1593. WER GOTT VERTRAVT HAT WOHL GEBAVT. GRAF WILHELM ZV SCHWARZ-
BVRG LEHN-VND BAVHERR.

Von den drei Kirchenglocken mit 1,24, —1 und 0,75 m Durchmesser hat die
grösste und älteste folgende Inschrift:

HERR ZEBAOTH WOHL DEM MENSCHEN DER SICH AUF DICH
VERLÆSST. ANNO 1685 IOH. HEINR. RAVSCH ZV ERFVRT.

Die mittlere Glocke wurde 1799 von Gebr. Ulrich zu Apolda und Laucha und
die kleine von E. Chr. Rumpel zu Mühlhausen gegossen.

Die vorige kleine Glocke, welche beim Guss der letztgenannten mit verwendet
wurde, soll auf der Wüstung Ingelstedt ausgegraben worden sein. (Vergl. unten Wüstung
Ingelstedt).

Nach Gr. Br. ist die im Helbenthale gelegene sog. Rabenmühle eingepfarrt.

Vor Erbauung der jetzigen Kirche hatte Gr. Br. zwei gottesdienstliche Gebäude,
eine Kirche und eine Capelle. Die erstere, welcher unter dem Namen Oberkirche
noch zwischen 1540 und 1550 gedacht wird, die aber wahrscheinlich bis zur Vollendung
der neuen Kirche bestand, lag im Oberdorfe und zwar in dem Garten, welcher gegenwärtig zu dem Hause des Maurers Kost gehört. Die Scheuer jenes Gehöftes soll
aus den Steinen der betr. Kirche gebaut worden sein und der Garten selbst noch die
Grundmauern derselben bergen.

Die letztere, die Capelle, war kein für sich bestehendes Gebäude, sondern ein
kleines zum gottesdienstlichen Gebrauch eingerichtetes Zimmer des dortigen Klosters.
Gegenwärtig dient sie als Küche des Rittergutes daselbst, dessen Wohnhaus zum Theil
aus dem ehemaligen Klostergebäude besteht. Ihre sehr starken Wände sind noch unverändert, nur ihr Fussboden, wie der des Corridors vor derselben ist vertieft worden,
bei welcher Gelegenheit man zerfallene Särge und Gebeine ausgrub, auch den in der
Capelle eingemauerten Taufstein aushob und bei Seite stellte; er ist jedoch der Auf-
bewahrung kaum werth, da er nur roh zugehauen ist.

Ueber das erwähnte Kloster selbst fehlt jede urkundliche Nachricht: doch
scheint es bis nach Einführung der Reformation bestanden zu haben. Die Gebäude
und Grundstücke desselben mögen nach seiner Aufhebung wohl mit dem gräflichen Gute
dort vereinigt worden sein, welches vorher und nachher verschiedenen adeligen Familien
zu Lehen gegeben worden ist, wie den Herren von Ebeleben, von Wurmb u. a. m.
Später wurde dasselbe wahrscheinlich einem der Vasallen käuflich überlassen und in
ein Rittergut verwandelt. Ueber dasselbe ist in baulicher Beziehung Folgendes zu
bemerken.

Das Wohnhaus ist bezüglich seines nördlichen Theiles, welcher, wie schon angedeutet, aus dem vormaligen Klostergebäude besteht, sehr alt und zeichnet sich durch

ungemein starke Mauern, tiefe Fensternischen und sauber behauene steinerne Thür-
und Fenstereinfassungen aus; der südliche Theil dagegen ist neueren Ursprungs. —
Ziemlich alt ist dagegen das Thor an der Westseite des Gutshofes: denn auf den
steinernen Pfeilern desselben findet sich nebst mehreren nicht mehr recht zu ent-
ziffernden Buchstaben und der Gabel (ᴜ) aus dem gräflich-schwarzburgischen
Wappen die Jahreszahl 1688 eingegraben. — Das Rittergut ist im Besitz der
Familie Heyse.

　　　　Wüstungen. In früheren Zeiten gab es drei Orte des Namens Brüchter
resp. Brüchterde etc. In einer Jechaburger Urkunde von 1409 werden Grossen-,
Wenigen- und Windischen Brüchterdin resp. Brüchterde aufgeführt, und im
Archidiaconatsregister von 1506 kommen Bruchtern superior, Bruchtern inferior
und Mittelbruchterde vor. Mittelbruchterde und Windischen Brüchterde
sind ein und derselbe Ort, und dieser lag, wie der eine Name desselben andeutet,
zwischen Gross- und Kleinbrüchter, ist aber so spurlos verschwunden, dass man nicht
einmal die etwaige Lage der Wüstung zu bezeichnen weiss.

　　　　Eine andere Wüstung in der Flur von Gr. Br. ist Ingelstedt, auch Ingre-
stedt und Ingelstat geschrieben, welche 3 km nordwestlich vom Dorfe liegt. Im
Archidiaconatsregister von 1506 wird Ingelstedt unter den zur sedes Marksussra gehörigen Orten aufgeführt, aber als desolat bezeichnet. Von dem Dörfchen, dessen
Flur theils zu Gr. Br., theils zu Holzthaleben geschlagen worden ist, ist noch ein
Brunnen vorhanden, welcher auch in trockenen Jahren nicht versiegt und für die
beiden genannten Dörfer, welche an ihm gleichen Antheil und in solchen Jahren oft
grossen Wassermangel haben, eine wahre Wohlthat. — Auf einem Hügel in der Nähe
jenes Brunnens findet man viele Steine aufgehäuft, welche von der daselbst gestandenen
Kirche des Orts herrühren sollen: der Platz führt den Namen Ingelstedter Kirchhof. Auf demselben soll die oben erwähnte Glocke ausgegraben worden sein.

Grossenehrich,

Stadt mit 988 Einw., Winidon, mit einer fürstlichen Domaine, 17 km südlich von
Sondershausen, liegt auf einer vom sog. Horn ausgehenden Hochebene und unweit
des Bennebaches, welcher daselbst die Klinge, den Ausfluss des offenen Stadt-
brunnens, aufnimmt.

　　　　Urkundliche Namensformen: 874 Crichi resp. Erichi (vergl. Crichbigruzzi unter
dem Artikel Greussen) 877 Erike und Heiriki, 974 Erichi, Ericke, 979 Ericha
und Eriche, 1259 Erich, 1366 grossen Erich und Ehrich.

　　　　Die Kirche St. Crucis, sedes Greussen, ist ein grosses, sehr altes Gebäude.
Sie soll bereits im achten Jahrhundert von Carl dem Grossen gegründet worden sein,
erfuhr aber mehrmals, besonders von 1846 bis 1851, durchgreifende Reparaturen und
Verschönerungen. Ihr Inneres ist freundlich und hell; der Altar und die über demselben befindliche Kanzel sind mit Holzschnitzereien verziert.

　　　　Erwähnenswerth sind zwei in der Kirche befindliche Grabdenkmäler von
Rittern von Tottleben. Das eine, links von der Kanzel (s. Fig. 12), ist das des

Fig 12

OSWALT VON DITLEBEN

gez u lith E Palm

Fig. 19.

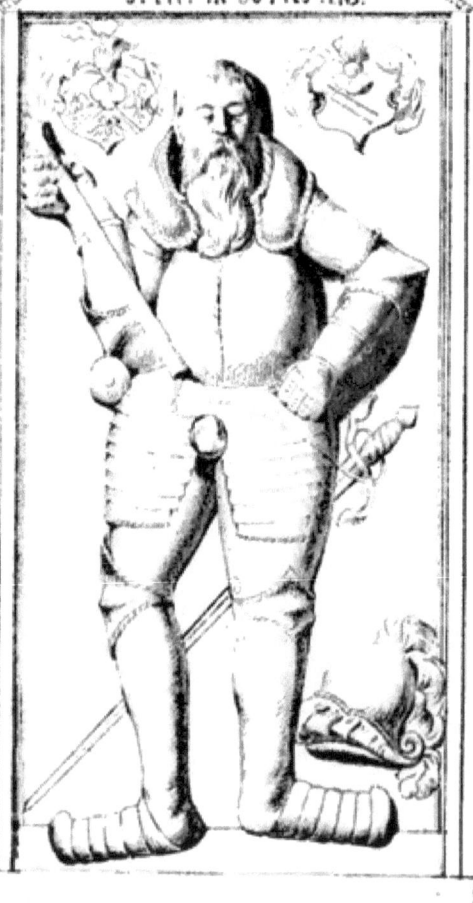

HIOB AM XIX.

IM ELENDE WAR DIS MIN TROST
SPRACH ER LEBT DER MICH ERLOST
DEM ICH IN NOT VERTRAVT
WIRT MIT KEINER HAVT
VNGEBEN DAS ICH AVS DER ERDEN
VOM TOD ERWECKT WERT
IM FLEISCH ICH GOT SEHN
GEWISLICH WIRTS GESCHEN
HANS VON TOTLEBEN
MEIN LEBEN VND END
STEHT IN GOTTES HND.

Ritters „Oswalt von Dotleben". gestorben 1558. Derselbe ist in Ritterkleidung dargestellt; in den oberen Ecken des Denkmals befinden sich zwei Wappen, das eine mit drei einfachen Adlern ist das Tottlebensche. In dem abgerundeten oberen Schlusssteine ist ein Medaillon mit dem Brustbilde Jesu und der Umschrift: IHESV CHRISTI; rechts neben dem Medaillon stehen die Buchstaben E. B. und links S. Diese Buchstaben dürften mit der erwähnten Umschrift vielleicht zu lesen sein: EGO BAPTISMATE IHESV CHRISTI SVM. — Oswald von Tottleben wurde 1540 vom Grafen Günther XL. zum Landvoigt von Sondershausen berufen und bekleidete diese Stelle noch 1555.

Das andere Denkmal, rechts von der Kanzel (s. Fig. 13), ist das des Ritters „Hans von Totleben", welcher ebenfalls in Ritterkleidung dargestellt ist. Unten steht ihm ein Helm mit Federbusch zur Seite und oben befindet sich ebenfalls in jeder Ecke ein Wappen, von denen das rechts drei doppelte Adler als Wappenzeichen der Ritter von Tottleben aufweist. In dem oberen sehr hohen Schlusssteine des Denkmals steht die aus Hiob XIX. genommene Grabschrift. — Das Todesjahr ist nicht angegeben, dürfte aber, da er wahrscheinlich der jüngere Bruder des vorgenannten Oswald ist, welcher den Namen Hans führte, an das Ende des sechzehnten Jahrhunderts fallen.

In der alten Sacristei an der Südseite der Kirche befindet sich ein sehr altes und grosses Crucifix von Holz; das Kreuz ist 2,40 m hoch und die Figur des Gekreuzigten 1,52 m lang. Letztere ist nach dem Urtheile der Kenner von der Hand eines Meisters in der Holzschneidekunst gefertigt worden.

An dieser Kirche wirkte als Pfarrer Johannes Thal, als derselbe von Greussen, wohin er 1528 als Vicar berufen worden war, wegen seines Eifers in der Ausbreitung der Reformation hatte flüchten müssen. wurde aber auch zu Grossenehrich aus dem gleichen Grunde verfolgt, ja auf Befehl des Herzogs Georg von Sachsen gefangen genommen und nach Sangerhausen abgeführt, wo er hingerichtet werden sollte. Er entging aber glücklicherweise diesem traurigen Geschick und wurde bald nachher Pfarrer zu Greussen.

Von den vier Kirchenglocken mit 1,34. — 1,11 — 0,80 und 0,73 m Durchmesser sind die beiden grössten, wie aus deren Inschriften hervorgeht. von ziemlich hohem Alter. Die Inschrift der grössten ist:

Fig. 14.

GOTTES·W·BLIBT·EW·ECHRT·
KVCHGEN·GOS MI·1·5·6·5·

Die Inschrift der zweitgrössten befindet sich auf der nächsten Seite (s. Fig. 15).

Die beiden kleineren wurden am 15. und 17. Juni 1730 zum Andenken an die zweihundertjährige Jubelfeier der Uebergabe der Augsburgischen Confession von Constantin Ulrich aus Hirschberg zu Grossenehrich selbst gegossen.

Ausser der Kirche St. Crucis hatte Grossenehrich in früheren Zeiten noch eine Capelle, die vor dem westlichen Thore der Stadt lag. welches davon den Namen

Fig. 15.

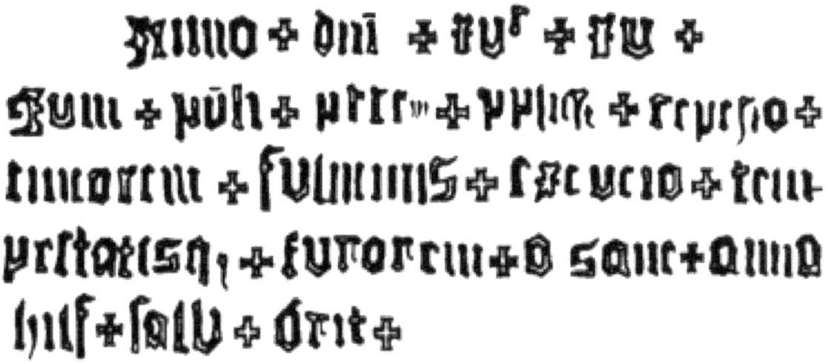

Anno ☩ dnī ☩ M° ☩ ƟƟ ☩
Ɵum ☩ pon ☩ prīr ☩ pplīca ☩ reprīsio ☩
rīnorcīn ☩ Summīns ☩ rac̄ ucio ☩ Irīn
prītotīsn, ☩ Iururcīn ☩ Ꝺ ꞅaur ☩ ƟmnꝊ
hīlf ☩ ꞄolꝊ ☩ Ꝺrīt ☩

Capellthor erhielt; als kirchliches Gebäude diente jene bis 1639, wurde dann Brau-
haus, später aber abgebrochen.

    Das Patronat über Kirche und Pfarrei zu Grossenehrich stand vom 10. bis zum
16. Jahrhundert dem Stift Gandersheim zu, welches dort reich begütert war.
Dasselbe hatte ausser dem Pfarrer noch drei Vicare eingesetzt, weil zu Grossenehrich
noch Wenigenehrich und Bliederstedt als Filiale gehörten. — Nach Einführung
der Reformation ging das Collaturrecht über die betr. Kirchen und Capellen an die
Grafen von Schwarzburg über, welche den kirchlichen Verband zwischen Grossenehrich und dessen beiden Filialen 1575 aufhoben, Bliederstedt als Filial der Pfarrei
zu Otterstedt und Wenigenehrich als Filial der Pfarrei zu Rohnstedt zuwiesen.

    Eingepfarrt sind nach Grossenehrich: die Bornmühle, die Brückenmühle, die
Faulmühle, die Feldmühle, die Rosenthalsmühle und Rosenthalswindmühle.

    Profangebäude. Nach Urkunden und mündlicher Tradition gab es zu
Grossenehrich schon in den frühesten Zeiten seines Bestehens ansehnliche Profangebäude.

    Als ein Ueberbleibsel von dem ältesten derselben, welches nichts Geringeres
gewesen sein soll, als eine Pfalz Carl's des Grossen, betrachtet man den noch
recht ansehnlichen untern Theil eines Thurmes, an welchen sich das Wohngebäude
eines in neuerer Zeit zerschlagenen Rittergutes, das Thurmgut genannt, anlehnt.
Das Vorhandensein einer kaiserlichen Pfalz gewinnt aber dadurch an Wahrscheinlich-
keit, dass Ehrich zu den Domainengütern der Carolinger gehörte, von welchen
Ludwig d. J. nach einer Urkunde von 877 einen Theil der daselbst gelegenen dem
Stift Gandersheim übergibt. Seinem Beispiel folgend schenkten dann Otto I. 956
und Otto II. 979 demselben Stifte Güter zu Ehrich, Bliederstedt, Neustedt,
Rohnstedt, Wolferschwenda, Wenigenehrich, Bellstedt und Marksussra, die
alle zu jenen Domainengütern gehört haben mögen.

    Der Zeit nach mag sich an die Gründung der Pfalz die des Rappensteins,
des Gandersheimschen Stiftgutes daselbst, anschliessen. Die dem gen. Stift gemachten
Schenkungen, von welchen es bedeutende Frucht- und Geldzinsen zu beziehen hatte,
und zu welchen bald noch andere Erwerbungen gekommen sein mögen, machten es
nothwendig, innerhalb des Bezirks, in welchem jene Güter lagen, eine Verwaltungs-
behörde einzusetzen, für welche eben der gen. Rappenstein gegründet wurde, und der
noch heute mit dem Namen Gandersheimer Stiftsgut bezeichnet wird. — In dem-

selben waren auch den vom Stift eingesetzten oben erwähnten drei Vicaren Wohnungen angewiesen worden.

Nach Saecularisation des Stifts Gandersheim wurde der Rappenstein in ein Rittergut verwandelt und das Wohnhaus neu erbaut. Dasselbe ist jedoch auch bereits alt, wie aus einer der beiden Inschriften an demselben hervorgeht, von denen die auf einem über dem südlichen Eingange eingemauerten Steine befindliche lautet:

ION : MARTA : E : IOHANS : KATARIN : SIND ERBEN DES RAPPENSTEINS.

und die andere an der Westseite des Hauses heisst:

SI DEVS PRO NOBS QVIS CONTRA NOS. RAPPENSTEIN 1590.

Ausser der Zeitangabe der Erbauung des neuen Rappensteins erfährt man aus jenen Inschriften freilich nichts Bestimmtes. Bei der ersten fehlt anscheinend der Familienname der Erben; wahrscheinlich aber ist KATARIN als solcher zu betrachten; leider ist kein Besitzdocument vorhanden, welches darüber sicheren Aufschluss gäbe. Die zweite Inschrift lässt vermuthen, dass man den in der ersten genannten Erben den Besitz des Rappensteins habe streitig machen wollen.

Der ersten Gründung des Rappensteins steht der Zeit nach wohl die der beiden Burgen dort am nächsten, welche in der Urkunde von 1270 erwähnt werden, in welcher der Landgraf Albrecht von Thüringen dem Grafen Heinrich II. von Honstein bezüglich jener Burgen verspricht, sie nicht wieder aufzubauen resp. zu befestigen, wodurch ihm und seiner Grafschaft einiger Nachtheil widerführe. — Wie die Sage berichtet, waren die Besitzer jener Burgen Raubritter, weshalb der Landgraf gegen sie einschritt, ihre Burgen eroberte und wenigstens theilweise zerstörte. Spuren von denselben sind nicht mehr vorhanden, und selbst über ihren Standort hat man nur Vermuthungen. Nach diesen lag eine derselben an der Ost-, die andere an der Westseite von Grossenehrich; jene an der nördlichen Seite des sog. Feldgartens wurde der Thurm hinter der Kirche genannt; diese könnte der sog. Kugelhof gewesen sein, von dessen einstigem Bestehen man sich noch erzählt. Zufällig hat man im vorigen Jahre (1885) an der Westseite der Stadt auf einem Acker Grundmauern aufgefunden, welche ohne Zweifel von dem sog. Kugelhofe herrühren. Sie bilden einen Kreis von 100 Fuss Durchmesser, und innerhalb desselben grenzen an die westliche Peripherie die Grundmauern eines viereckigen Thurmes von 24 Fuss Weite im Geviert. Sämmtliche Grundmauern sind 4 Fuss stark.

Von den gegenwärtig dort vorhandenen Gebäuden ist jedenfalls das Wohnhaus der fürstlichen Domaine das älteste, bietet aber in baulicher Beziehung ausser seinem spitzgiebeligen Dache nichts Bemerkenswerthes dar. Früher war es das Wohngebäude des sog. Oberhofes — und diesen Namen führt es heute noch —, eines der Rittergüter der Herren von Tottleben. Dieses Rittergeschlecht, urkundlich: Toyteleuben, Toyteleybin, Totteleuben, Tutteleiben, Teutleben, Todleben, Dotleben, Dothleben, Thodeleiben und Thoteleiben, dessen Stammort das kleine Dorf Tottleben im preussischen Kreise Langensalza ist, kam in einem seiner Glieder, Hans Friedrich, bereits 1324 nach Ehrich, und dieser wurde der Stifter der sog. Ehricher Linie, welche daselbst bis 1830 bestand. Zuerst wurden die Herren von Tottleben von dem Stift Gandersheim mit Gütern belehnt; dazu kamen im Laufe der Zeit noch kirchbergische, honsteinsche und schwarzburgische Lehngüter, aus welchen allen späterhin zwei Rittergüter der Herren von Tottleben hervorgingen.

Nach und nach geriethen aber die Vermögensumstände dieser Familie in Verfall, so dass sie ihre Güter 1830 verkaufen musste; seit 1851 sind sie eine fürstliche Domaine.

Das ursprüngliche Wappen der Ritter von Tottleben bestand in einem Adler und einem Sparren oder Balken als Symbol des festen Sitzes im Zeitalter der Fehden. Die jüngere Linie nahm aber drei theils einfache, theils doppelte Adler anstatt des einen in ihr Wappen auf, wie wir dies auch auf den beiden Grabdenkmälern unter Fig. 12 und 13 bestätigt finden.

Die Stadt Grossenehrich wird wohl um dieselbe Zeit oder nur wenig später gegründet worden sein, als Sondershausen und Greussen, und zwar ebenfalls von den Sachsen; doch scheinen dort und in der Umgegend sehr frühzeitig die Franken Güter erworben zu haben, welche, wie schon berichtet, meistens in den Besitz des Stifts Gandersheim kamen. Dadurch gewann dieses Stift, wie in kirchlicher, so auch in politischer Hinsicht dort grosse Macht und verstand sie auch auszunützen. — Neben Gandersheim hatten auch die Grafen von Kirchberg Besitzungen zu Grossenehrich, die im 13. und 14. Jahrhundert an die Grafen von Honstein resp. an die Grafen von Schwarzburg übergingen.

Im Jahre 1282 wurde Gr. Eh. vom Grafen Heinrich II. von Honstein zur Stadt erhoben, und 1313 erhielt es Statuten. Das Wappen der Stadt enthält das Bild eines bejahrten Mannes, Gott Vater vorstellend, welcher auf dem linken Arme ein Lamm mit einer Fahne (agnus dei) trägt; darunter steht ein Schild mit einem Löwen als schwarzburgisches Hoheitszeichen. Die Umschrift ist: Sigillum Oppidanorum Erichi majoris.

Im 17. und 18. Jahrhundert erwachte in Gr. Eh. eine ausserordentliche Gewerbthätigkeit, der zufolge man dort nicht blos die gewöhnlichen Gewerbe betrieb, sondern die Stadt fast ein Jahrhundert lang der Hauptort des Innungswesens im betr. Landestheile wurde. Vergl. Einleitung.

Wüstungen. Etwa 1,5 km südöstlich von Gr. Eh. ist die Wüstung Neustedt oder Neustadt gelegen — urkundlich 979 Niuwenstad, 1311 Niewenstete 1348 Niuwenstede. Vor der im sechsten Jahrzehnt unseres Jahrhunderts dort stattgefundenen Separation fand sich am Standorte des untergegangenen Dörfchens noch ein Streifen Land vor, welcher ringsum von bepflanzten Gräben umgeben war und das Kirchhöfchen genannt wurde; seitdem ist jede Spur der Wüstung verschwunden und ihre Lage nur schwer festzustellen. Die Flur von Neustedt ist an die Fluren von Grossenehrich und Rohnstedt gekommen.

Nordöstlich von Grossenehrich, nur 1 km entfernt, befindet sich die Wüstung Vaula oder Faula — urkundlich 1358 Vule, 1467 Fula. Spuren von dem einst dort gelegenen Dorfe sind nicht mehr vorhanden; doch erinnert noch mancherlei an dasselbe: die Faulmühle am Bennebache, das Faulgehölz, welches in der Nähe jenes Ortes lag, aber nicht mehr vorhanden ist, und der Faulgeschoss, eine von dem Lande, welches einst zu Faula gehörte, an den Stadtrath zu Grossenehrich zu entrichtende Abgabe. — Ein Platz an dem ehemaligen Standorte von Faula führt den Namen Todtenacker und war wahrscheinlich die Begräbnissstätte des Orts. Im Jahre 1882 wurde dort ein noch gut erhaltenes menschliches Skelett ausgegraben.

Zu erwähnen ist noch die Wüstung Grobern, 3 km südöstlich von Grossenehrich, nur insofern, als von deren einstiger Flur ein Theil an die von Grossenehrich gekommen ist und einen besonderen Geschoss, Grobergeschoss genannt, zu entrichten hatte. Die Wüstung selbst befindet sich im Flurgebiete des Dorfes Westgreussen. Vergl. Westgreussen.

Grossfurra,

Pfarrkirchdorf mit 1037 Einw., Wippergau, mit zwei Rittergütern, wird von dem südöstlich vom Dorfe entspringenden Wilsbache durchflossen, welcher, nachdem er auf seinem Laufe durch dasselbe viele kleine Zuflüsse aufgenommen hat, unterhalb desselben in die Wipper mündet. Das Dorf liegt theils am nördlichen Abhange, theils am Fusse der Hainleite, welche fast bis zu demselben ziemlich steil abfällt, sich dann aber allmählich abdacht.

Urkundliche Namensformen: 874 Furari, Furare, 1189 Vurre, Vure, im 13. und 14. Jahrhundert Fure, Furre, Furth, Fuhr, grossin Furth und grossin Fuhr.

Nach dem Dorfe nannte sich ein Adelsgeschlecht: von Furre, Fure, meistens aber von Vurre, Vure, Wurre, Vrre und Wrre. Urkundlich kommen vor: 1206 Hermannus de Wurre, 1221 Hermannus Porcus de Vrre, 1235 Reinerus miles de Wrre, 1240 Hermann von Furre, 1256 Hermannus Varich de Vurre u. a. m. Sie werden theils als Bürger zu Nordhausen, theils als Zeugen bei Verträgen, besonders bei denen des Stifts Walkenried, angeführt, sind aber auch im Dorfe Furre (Vurre) begütert und urkundlich noch im 14. Jahrhundert im Besitz eines wehrhaften Hofes daselbst. Denn nach einer Urkunde von 1316 einen sich Reinhard und Hermann gen. Varich von Vure mit dem Grafen Heinrich III. von Honstein in der Weise, dass ihr wehrhafter Hof zu Vure des Grafen offenes Haus sein soll „wider allmenniglich zu seiner Noth" und die Grafen das Näherecht haben sollen. — Nachher kommen noch vor: 1332 Hermannus de Furre, dictus Varch, und 1351 Hug von Furre, Comthur des deutschen Ordens zu „Neylstedt.".

Die Kirche St. Bonifacii, sedes Jechaburg, seit 1538 gutsherrlichen Patronats, nachdem dasselbe von 1326 bis dahin der Aebtissin des Cistercienser-Nonnenklosters daselbst zuständig war, stammt mit ihren ältesten Theilen, den beiden resp. dem einen vollendeten Thurme und dem östlich von den Gurtbogen der Thürme gelegenen Altarchore, aus der romanischen Bauperiode, also aus der Zeit vom 11. bis 13. Jahrhundert, wie dies namentlich durch die Gestaltung der Thurmfenster-Einfassung bezeugt wird.

Der Altarchor ist um zwei Stufen höher gelegen, als der westliche Theil der Kirche, letzterer, ursprünglich ziemlich kurz und niedrig, wurde 1586 verlängert und erhöhet.

Im Chor sind erwähnenswerth: der Altar mit hübscher Holzschnitzerei, in der Altarnische ein grosses Oelgemälde, die Kreuzabnahme Jesu, nach Rubens gemalt von Fräulein Friederike von Wurmb (gest. 1843), und über demselben das von Wurmb'sche Wappen, ein Lindwurm im goldenen Felde.

In der Sacristei steht ein aus Holz geschnitzter sog. Taufengel von hohem Alter, der ein muschelförmig gestaltetes Taufbecken von Holz mit den Händen hält,

4

in welches beim Gebrauch ein ebenso gestaltetes Becken von Metall gesetzt wurde. Seit 1855 ist derselbe ausser Gebrauch, indem an seiner Stelle der Kirche von der erwachsenen Jugend des Orts am dreihundertjährigen Jubiläum des Augsburger Religionsfriedens ein Taufstein von Marmor verehrt wurde. — Ebendaselbst steht ein sehr alter Bücherschrank von Fichtenholz mit eingeschnittenen rankenförmigen Verzierungen, und über demselben befindet sich ein uraltes an der Wand befestigtes Crucifix von Eisen.

Unter den heiligen Gefässen der Kirche zeichnet sich ein silberner und vergoldeter Abendmahlskelch durch seinen Kunstwerth aus. Er ist 0,16 m hoch, hat 0,105 m oberen Durchmesser und einen doppelten sechstheilig ausgeschweiften Fuss, der durch eine durchbrochene Gallerie verbunden ist. Auf einem der sechs Felder befindet sich ein Crucifix, und auf den sechs Knaufköpfen stehen von feiner Ciselirung umgeben die Buchstaben: I. H. E. S. V. S.

Bezüglich des Thurmes resp. der Thürme ist zu bemerken: Ursprünglich sollte die Kirche zwei Thürme erhalten, die auch beide zu gleicher Zeit einige Stockwerke hoch aufgeführt wurden; von da an wurde aber nur der nördliche mit seiner an der Ostseite befindlichen romanischen Fenstereinfassung vollendet, während man den Weiterbau des südlichen sistirte, ja 1586 ihn wieder soweit abtrug, dass er mit dem in jenem Jahre erhöheten westlichen Theile der Kirche unter ein Dach gebracht werden konnte. Der nördliche bis zur Spitze ganz aus Mauerwerk aufgeführte Thurm wurde, nachdem der obere Theil desselben sehr schadhaft geworden war, 1719 fast bis zur Hälfte abgetragen und erhielt ein mit Schiefer gedecktes Kuppeldach.

Von den drei Kirchenglocken mit 1,7, — 0,90 und 0,75 m Durchmesser zeichnet sich die grosse durch ihr muthmasslich sehr hohes Alter, durch ihre Inschrift und durch die an ihr befindlichen vier Medaillons aus. Die Inschrift besteht aus dem leoninischen Hexameter:

BENEDIC · DEVS · ATQVE · TVERE · HOC · VAS · EX · ERE ·

Von den vier Medaillons ist das an ihrer Ost- und das an ihrer Westseite befindliche ein und dasselbe, denn beide bestehen aus je einem Crucifix von der nur bis ins zwölfte und dreizehnte Jahrhundert gebräuchlichen romanischen Form (s. Fig. 16), wonach die betr. Glocke aus jener Zeit stammt und somit die älteste von den mit Inschriften versehenen Glocken der Unterherrschaft ist: von den an den beiden andern Seiten befindlichen Medaillons stellt das eine die Verkündigung der Maria, das andere die Maria mit dem Christuskinde auf dem Arme dar, beide ohne Kunstwerth.

Die mittlere Glocke wurde 1730 von Joh. Arnold Geyer zu Nordhausen und die kleine, ein Geschenk des Fräulein Luise Henriette Wurmb, 1751 von Joh. Heinr. Brauhoff zu Nordhausen gegossen.

Der nordöstliche Theil des die Kirche umgebenden Gottesackers führt den Namen Hopperöder Gottesacker und war früher die Begräbnisstätte für das Kloster Hopperode, welches 2 km westlich von Grossfurra lag, nachmals aufgehoben und in ein Vorwerk verwandelt wurde, aber seine eigene Capelle hatte. Der Gottesdienst in derselben wurde von dem Geistlichen zu Grossfurra besorgt, und die dort Verstorbenen wurden zu Grossfurra beerdigt.

Nach dem Jechaburger Archidiaconatsregister von 1506 gehörte die Capelle zu „Hoppelingerode, Hoppelrode" zur sedes Jechaburg und war damals noch intact; gegenwärtig ist an ihrem einstigen Standorte weder von ihr, noch von einem andern Ge-

Fig. 16.

Fig. 17.

gez u. lith. E. Palm.

bäude eine Spur zu finden; übrigens liegt die Wüstung Hopperode auf preussischem Gebiete.

Nach Grossfurra ist das nördlich davon gelegene Gasthaus „zur Haide" eingepfarrt.

Ausser der Kirche St. Bonifacii war zu Grossfurra noch die Capelle St. Cyriaci, die auch im Jechaburger Archidiaconatsregister verzeichnet steht. Sie wurde 1496 von dem Ordensritter Georg von Wurmb im Garten des dortigen Schlosses erbaut und dotirt. Nach einer Jechaburger Urkunde schenkt der Stifter 1501 für den Fall seines Todes das Patronat über dieselbe seinem Bruder Lutze und dessen Söhnen. Die Capelle scheint aber entweder gar nicht oder nur kurze Zeit in Gebrauch gekommen zu sein und wurde in der Mitte des 16. Jahrhunderts wieder abgebrochen.

Das Kloster. Dass es in Grossfurra einst ein Kloster gab, ist bereits angedeutet worden, und es führt noch heute das Haus, welches an dem Standorte des vormaligen Klostergebäudes steht, diesen Namen. Ueber das betr. Kloster ist Folgendes zu berichten:

Im Jahre 1322 übertrug der Landgraf Friedrich der Ernsthafte von Thüringen der Aebtissin des Cistercienser Nonnenklosters zu Grossballhausen das Patronat über die Kirche zu Grossfurra unter der Bedingung, dass sie ihr Kloster dahin verlege. Die Aebtissin kam dem 1326 nach und bezog mit ihren Nonnen zuerst ein kleines am Eingange des Gottesackers gelegenes Haus, an dessen Stelle jetzt das Knabenschulgebäude steht. Doch bereits 1331 wurde den Nonnen von zwei Herren von Schlotheim, Johann, Dechant zu Schleine, und Bernhard, Dechant zu Schopeln, ihr westlich an den Gottesacker grenzendes Gut, mit welchem damals zwei Brüder von Myla belehnt waren, überwiesen. Das Wohnhaus des Gutes war von da an bis zur Säcularisation des Klosters 1538 Klostergebäude. Nachher kam es in den Besitz der Herren von Wurmb, von denen es neu, aber kleiner erbaut wurde, und ist jetzt Dienstwohnung des gutsherrlichen Försters.

Profangebäude. Unter den zu Grossfurra befindlichen Profangebäuden zeichnen sich die beiden Rittergüter, das Schloss- und das Hof-Rittergut, gewöhnlich blos Schloss und Hof genannt, aus.

Das Wohngebäude des Schlossrittergutes besteht bezüglich seines ältesten Theiles aus der alten Burg, welche die Landgrafen von Thüringen im 13. oder zu Anfange des 14. Jahrhunderts besassen und vielleicht auch erbaut haben. Diese Burg war überaus fest, mit drei Thürmen versehen und von doppelten Wallgräben umgeben, über welche von Norden her eine Zugbrücke führte. Sie bestand nach ihren Haupttheilen aus einem westlichen und einem östlichen Flügel, die durch einen südlichen und nördlichen mit einander verbunden waren. Der westliche Flügel war das Burglehen, der östliche die landgräfliche Voigtei; die Aussenwände jenes waren ganz aus Steinen aufgeführt, hatten keine Fenster, sondern oben befand sich nur eine offene Gallerie, die nachmals als dritte Etage ausgebaut worden ist. Als Wohnung dienten die nach innen gelegenen aus Holzwerk bestehenden Räume. — Von dieser umfangreichen Burg ist nur noch der westliche Flügel, das ehemalige Burglehen, und der an dessen Südostecke sich frei erhebende runde Thurm s. (Fig. 17) vorhanden, der aus sehr starken Mauern aufgeführt und dessen oberer Theil mit dem Schloss verbunden ist. In jenem Theile des Thurmes befindet sich das reichhaltige und gut geordnete Familien-Archiv der Herren von Wurmb.

4*

Westlich vom Schlosse liegt ein sehr altes Gebäude, die Kemnate, auch landgräfliche Curie genannt. Im 15. Jahrhundert wurden mit derselben die Herren von Rüxleben belehnt, in deren Besitz sie ein Jahrhundert lang blieb, dann aber an die Herren von Wurmb kam und jetzt als Schlossschäfereiwohnung dient. Von baulichem Interesse findet man aber an derselben nichts.

Das Hofrittergut, nordwestlich vom Schlossrittergute, wurde mit seinen bedeutenden Neben- und Wirthschaftsgebäuden i. J. 1600 erbaut. In baulicher Beziehung ist an dem Wohngebäude nur das steinerne Portal desselben im Innern des Hofes von einigem Interesse, indem sich an dessen Seiten zierlich ausgemeisselte Rosetten, über demselben das von Wurmb'sche Wappen und das Jahr der Erbauung, 1600, befinden.

Ausser den beiden vorgenannten Rittergütern gab es früher dort noch ein drittes ziemlich bedeutendes, der sog. Kämmerhof, das von einem vormaligen Besitzer desselben, Ottomar Kämmerer, seinen Namen hat. Mit diesem Gute wurden 1477 die Herren von Rüxleben belehnt, traten es aber nachmals wieder käuflich an einen gewissen Caspar Affer ab, der 1597 das noch vorhandene Wohngebäude desselben errichten liess. Es war ein stattliches Gebäude mit einem sehr hohen Giebeldache, hat aber bei einem Umbau 1856 alles Alterthümliche verloren bis auf eine Inschrift, welche sich über dem vormaligen Eingange an der Ostseite befindet und in den eichenen Querriegel über demselben eingeschnitten ist. Diese Inschrift ist:

DVRCH GOTTES HILFE VND SEGEN IST DIESES HAVS GEBAWET EBEN.
WER GOTT VERTRAWET HAT WOHL GEBAWET. ANNO 1597.

Der Kämmerhof besteht übrigens nicht mehr als selbständiges Gut, sondern ist seit 1602 resp. 1659 ein Pertinenzstück der von Wurmb'schen Güter resp. des Hofgutes.

Das Dorf Grossfurra, in welchem die Familie von Vurre, Vure, Furra, Furre etc. bis ins 14. Jahrhundert begütert war, mochte um jene Zeit wohl schon längst im Besitz der Landgrafen von Thüringen sein, und ihnen verdankt wohl auch die Burg daselbst ihren Ursprung. Mit den beiden Theilen, aus welchen sie bestand, dem Burglehen und der Burgvoigtei, belehnten sie lange Zeit hindurch verschiedene Rittergeschlechter, später verpfändeten sie dieselben. Von 1402 an kam die Burg nebst dem Schultheissenamt zu Nordhausen in Folge der Verpfändung an die Herren von Werther und die von Seebach. Im Jahre 1414 überliess Berthold von Werther seinen Antheil an der Burg und dem betreffenden Schultheissenamte seinem Eidam Lutze Wurmb sen., welcher bald nachher auch den Seebach'schen Antheil an der Burg kaufte. Der Sohn desselben, Lutze Wurmb jun., erhielt 1499 von dem Herzog Georg von Sachsen die Burg mit allen Rechten und Zugehörungen um die Summe von 2200 Rheinischen Gülden und gegen Abtretung des ihm bis dahin verpfändet gewesenen Schultheissenamt zu Nordhausen.

Die Familie von Wurmb, welche unter den Namen Worm, Whorm, Wurm und Wurmb urkundlich seit dem 13. Jahrhundert vorkommt und zu Ehrich, Volkmarshausen, Gebesee, Tunzenhausen, Straussfurt, Wolkramshausen, Keula, Grossbrüchter u. a. O. begütert war, ist seit 1414 resp. 1499 im Besitz der Burg oder des

Schlosses und des Dorfes Grossfurra. — Das Dorf stand bis 1815 unter kursächsischer, dann ein Jahr lang unter preussischer Landeshoheit, seit 1816 ist es schwarzburgisch.

Grossmehlra.

Pfarrkirchdorf mit 633 Einw., Altgau, mit zwei Rittergütern, 24,4 km südwestlich von Sondershausen, liegt in einem Thale, welches südlich von einer etwas steilen, nördlich von einer sanft ansteigenden Anhöhe begrenzt wird. An dem Dorfe fliessen zwei kleine Bäche vorüber, an der Nordseite die Notter, an der Südseite die Schmerl.

Urkundliche Namensformen: 1290 Melre, 1354 Melere, Melor, 1374 groszin Melra, 1389 Grossen Melra.

Die Kirche St. Viti, sedes Görmar, ist ein sehr altes Gebäude, hat aber, besonders durch die dort begüterten adeligen Familien, fort und fort Verbesserungen und Verschönerungen erfahren. So liessen die Herren von Heringen dort durch den geschickten Bildhauer Miel in Arnstadt 1698 für die Kirche eine Kanzel mit schönen Holzschnitzereien anfertigen. — Hinter dem Altare hängt ein in Oel gemaltes Doppelbild, d. h. jede Seite desselben enthält ein Gemälde, das eine die Verkündigung der Maria, das andere die Darstellung Jesu im Tempel; es scheint sehr alt zu sein, hat aber keinen besonderen Kunstwerth.

Von den drei Kirchenglocken mit 1,16, — 0,86 und 0,60 m Durchmesser zeichnet sich die mittlere durch ihre Inschrift aus (s. Fig. 17a).

Fig. 17a.

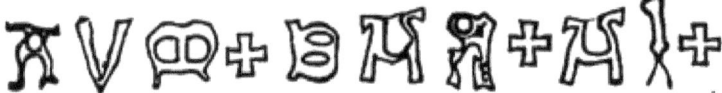

Ueber diese schwer zu entziffernde Inschrift gab auf Ersuchen Herr Professor Grössler-Eisleben folgenden dankenswerthen Aufschluss: Der dritte Buchstab, anscheinend ein M. steht verkehrt, seine unterste Seite muss durch eine Vierteldrehung nach rechts zu stehen kommen, wodurch das scheinbare M in ein E verwandelt wird, was es sein soll; der folgende Buchstab, anscheinend ein B, steht ebenfalls falsch, seine linke Seite muss nach unten zu stehen kommen, wodurch es ein M wird; der sechste Buchstab, das R, muss anstatt rückwärts, vorwärts blickend gestellt werden, und die beiden folgenden haben ihre Stellen zu wechseln, das I muss vor das A zu stehen kommen. So berichtigt ist die Inschrift: AVE MARIA oder den Originalbuchstaben entsprechend (s. Fig. 17b):

Fig. 17b.

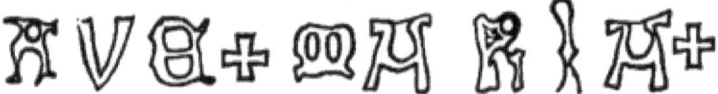

Die grosse Glocke wurde 1789 von Gebr. Ulrich in Apolda und die kleine 1827 von E. Chr. Koch zu Mühlhausen gegossen.

Nach Grossmehlra ist die nordwestlich davon gelegene Nottermühle eingepfarrt. Ausser der Kirche St. Viti gab es dort noch die Capelle Beatae Mariae und St. Bartholomaei, welche vor dem Dorfe lag und zur sedes Marksussra gehörte. Eine Urkunde des Stifts Jechaburg gedenkt derselben mit den Worten: „capella apud Melre". Im Jahre 1389 wurde dieselbe zugleich mit der dortigen Pfarrkirche vom Cardinal Philipp von Alenconio dem Kloster Schlotheim incorporirt. Von derselben hat sich aber weder eine Spur, noch auch irgend eine Kunde erhalten.

In Grossmehlra finden wir schon frühzeitig einige Güter, mit denen im Laufe der Zeiten die Herren von Creutzburg, von Ebeleben, von Greussen, von Sondershausen und von Heringen belehnt wurden. Letztere, welche bereits 1390 mit Gütern dort belehnt worden waren, scheinen in dem Besitz derselben geblieben zu sein und denselben noch vergrössert zu haben: denn 1519 wurden Kunemund, Kersten und Herting von Heringen noch mit einem „Sedelhofe bei der Kirche" daselbst belehnt. Aus diesen Lehngütern entstanden nachmals zwei Rittergüter der Familie von Heringen, von welchen sie aber zur Zeit nur noch einen Theil als ein kleineres Rittergut besitzt; jener Sedelhof aber, 1633 neu erbaut, ist, wenigstens theilweise, noch in ihrem Besitze und zeichnet sich durch Schnitzereien und Verzierungen an Rähmen, Balkenköpfen etc. aus.

Der Familie von Heringen entstammt der als belletristischer Schriftsteller rühmlich bekannte Gustav von H., 1799 zu Grossmehlra geboren. —

Bis zum Jahre 1667 fand zu Grossmehlra am Sonntag Laetare noch die Feier eines uralten Volksfestes heidnischen Ursprungs statt, das sog. Todaustragen oder Todaustreiben. Die Feier dieses Volksfestes, welches sich noch bis heute in manchen Gegenden Deutschlands erhalten hat, besteht darin, dass die jungen Leute eines Orts eine den Tod vorstellende Strohpuppe unter Absingung von Liedern namentlich an den Grenzen der Flur umhertragen und dann ins Wasser werfen oder verbrennen. — Der Tod ist hier eine christliche Einkleidung des heidnischen Winterriesen, der vor der Gottheit des Frühlings weichen muss. — Die Bewohner von Grossmehlra trugen nun jedes Jahr am Sonntage Laetare eine solche Strohfigur an den Grenzen ihrer Flur herum und stellten sie zuletzt in der Flur von Obermehlra auf, wodurch zwischen beiden Orten Streit entstand. In dem oben angegebenen Jahre berichtet darüber der Schösser zu Volkenrode an den Grafen Ludwig Günther zu Ebeleben und bittet, da seine Vorstellung bei der Gemeinde zu Grossmehlra ohne Erfolg geblieben wäre, um Abstellung, welchem Gesuche auch alsbald Folge gegeben wurde.

Gundersleben.

Kirchdorf mit 227 Einw., Altgau, mit einem Rittergute, 12 km südwestlich von Sondershausen. Liegt an der nordöstlichen sanften Abdachung des Gänseberges, an der von Sondershausen nach Langensalza resp. nach Mühlhausen führenden Chaussee und unweit der Hohenebra-Ebeleber Secundärbahn.

Urkundliche Namensformen: 884 Gundesleba, 1250 Gunzenleben, Gunthersleben, 1467 Gunderszleben, 1496 Gundersleuben.

Die Kirche St. . . . . . sedes Marksussra, seit 1574 Filial von Rockstedt, während sie bis dahin ihren eigenen Pfarrer hatte, war ursprünglich nur eine kleine Capelle, die aus dem unteren Raume des Thurmes und einem westlichen Anbau bestand. Letzterer wurde 1713 verlängert. Durch eine Renovation 1878 ist ihr Inneres sehr freundlich geworden.

Die beiden Kirchenglocken von 0,82 und 0,61 Durchmesser liess 1780 der damalige Rittergutsbesitzer daselbst, der Commissionsrath und Licentiat Anton Volckmar Schuchard, auf seine Kosten von Gebr. Ulrich zu Apolda giessen.

Hachelbich.

Pfarrkirchdorf mit 696 Einw., Wippergau, 8 km östlich von Sondershausen, wird von dem Hachelbache durchflossen, einen ziemlich starken Bache, der von Süden her aus der Hainleite kommt und sich in die nördlich vom Dorfe vorüberfliessende Wipper ergiesst.

Urkundliche Namensformen: 1005 Hessenbeche, Hachelwitz, Hachdebeche, 1324 Hachelbeche, 1417 Haohilbech.

Die Kirche St. Petri, sedes Jechaburg, liegt am östlichen Ende des Dorfes auf einer ziemlich ansehnlichen und felsigen Anhöhe, der Kirchberg genannt, zu welcher mehrere Treppen führen. Der östliche Theil der Kirche, ursprünglich eine Capelle, ist sehr alt und wurde sammt dem Thurme wahrscheinlich 1193 erbaut, wie sich aus der am Portale des Thurmes eingegrabenen Jahreszahl vermuthen lässt. Im Jahre 1567 wurde sie nach W. hin verlängert nach folgender an der Rückseite des Kanzelpodestes befindlichen Inschrift:

GEBAVT ANNO ○ DOMINI ○ M ○ D ○ LXVII ○ IST ○ ZVR ○ EHRE ○ GOTTES ○ DIS ○ GEBEW ○ AVFGEFVHRT ○ DA ○ CHRISTOPHOR ○ WERTER ○ VND ○ HANS ○ WALROT ○ KIRCHENVETR ○ WARN ○ HERR ○ ICH ○ HABE ○ LIEB ○ DIE ○ STETE ○ DEINES ○ HAVSES ○

Dieselbe Inschrift befindet sich auf einen an der Südwestecke der Kirche eingemauerten Steine.

Der noch aus der alten Capelle stammende Taufstein besteht aus einem sehr grossen roh zugehauenen Steine und hat die Form einer Urne; er könnte jedoch früher auch als Weihkessel gedient haben.

Von den beiden Thürmen der Kirche wurde der östliche gleichzeitig mit der Capelle erbaut. Der jetzige Eingang zu demselben von der Kirche aus besteht aus einem sehr hübschen gothischen Portale mit der Inschrift:

ZV ○ DEM ○ GEBEW ○ HAT ○ IACOB ○ GVNSROT ○ XV ○ GVLDEN ○
GEBEN ○

Darüber stehen die Jahreszahlen 1567 — 1193. Das Portal stammt also jedenfalls aus dem Jahre 1567, in welchem der westliche Theil der Kirche neu erbaut wurde und der alte Thurmeingang, welcher wahrscheinlich die Jahreszahl 1193 trug, verlegt und erneuert werden musste.

Von den drei Kirchenglocken mit 1,2, — 0,85 und 0,88 m Durchmesser ist die grosse die älteste und hat die Inschrift:

ANNO MDCXIX GOS MICH HANS MELCHIOR MOERINGK IN ERFURT.

Die mittlere und die kleine Glocke wurden 1837 von Joh. Heinrich Ulrich in Laucha gegossen.

Der westliche kleine Thurm, auf welchem sich die Dorfuhr befindet, wurde 1735 erbaut.

Nicht unerwähnt möge hier ein Naturdenkmal, die uralte Linde, bleiben, welche nördlich unweit der Kirche steht und einen Umfang von 9,30 m hat: obwohl vielfach gespalten und durch den Sturm mancher sehr starken Zweige beraubt, grünt sie nicht blos prächtig fort, sondern jeder Spalt, den sie im Laufe der Zeit empfangen, ist gewissermassen in einen neuen, aber eng mit ihr verbundenen Stamm ausgewachsen und wächst noch fort. Sie dürfte wohl so alt sein, als der älteste Theil der Kirche, die vormalige Capelle.

Das Dorf Hachelbich soll durch allmähliche Ansiedlung um das dort gelegene Vorwerk des Klosters Göllingen entstanden sein. Mit diesem Vorwerke belehnte die Abtei Hersfeld, unter welcher das genannte Kloster stand, die Grafen von Honstein. Herren zu Heldrungen, die Schutzvoigte über das Kloster Göllingen. Als diese 1324 das Dorf Hachelbich an den Grafen Dietrich von Honstein, Herrn zu Sondershausen, verkauften, verblieb das Vorwerk jenem Kloster, bis es nach der Säcularisation desselben an Hessen-Cassel fiel, welches das Stift Hersfeld administrirte. Im Jahr 1810 kam es durch Kauf an fürstliche Kammer zu Sondershausen, welche es mit allen Zugehörungen an Einwohner zu Hachelbich verkaufte.

Himmelsberg,

Kirchdorf mit 296 Einw., Altgau, 13 km südwestlich von Sondershausen, liegt auf einer Hochebene, die sich nach SW. und W. allmählich, nach NW. und N. ziemlich steil abdacht.

Urkundliche Namensformen: 1467 Hemmensbergk. 1496 Hemmelsbergk.

Die Kirche St. Mauritii, sedes Marksussra, Filial von Schernberg, wurde 1845 neu erbaut mit Ausnahme ihres östlichen Theiles, welcher ursprünglich den unteren Gelass des an sie stossenden Thurmes bildete, und welchen man durchbrach, um die zu klein angelegte Kirche durch jenen Raum zu verlängern. Bis 1583 war die dortige Kirche Filial von Schernberg, von da bis 1818 hatte sie ihren eigenen Pfarrer, und von dieser Zeit an trat wieder das alte Verhältniss ein.

Auf dem Thurme, der mit Ausnahme seines unteren Theiles 1842 neu erbaut wurde, hängen drei Kirchenglocken von 0,88, — 0,68 und 0,54 m Durchmesser. Die grosse, deren Inschrift fast ganz abgefallen ist, hat ausser dem Anfange derselben ANNO DM. M. nur leise Spuren von den folgenden Zahlzeichen; ebenso sind die an ihr befindlichen drei kleinen Medaillons beim Gusse so wenig gelungen, dass man sie

nicht enträthseln kann. Die mittlere Glocke hat keine Inschrift, ist aber ihrer Form
nach sehr alt, und die kleine wurde 1743 von Joh. Heinr. Brauhoff in Nordhausen
gegossen.

Hohenebra,

Pfarrkirchdorf mit 573 Einw., Altgau, mit einem Ilfeld'schen Stiftsgute, 9,7 km südlich von Sondershausen, liegt unweit der Nordhausen-Erfurter Eisenbahn und gegen
2 km südlich von der nach dem Dorfe benannten Station derselben, die auch zugleich
Anfangsstation der Hohenebra-Ebeleber Secundärbahn ist, und wird von zwei kleinen
Bächen, dem Ebersbrunnen und dem Sauerbrunnen, durchflossen, die nördlich
davon am Fusse der Hainleite entspringen.

Urkundliche Namensformen: 1128 alta Ebera, im Gegensatze zu parva
Ebera (Thalebra), 1269 Evera, Everba, 1366 Hoen Ebera, im Jechaburger Archidiaconatsregister: Ebra superior und Hon Ebra.

Die Kirche zur Ehre Gottes, sedes Jechaburg, Mutterkirche von der zu
Thalebra, wurde von 1724 bis 1726 neu erbaut. — Die alte Capelle St. Andreae,
welche vorher an deren Stelle stand, hatte vom Anfang an mit der zu Thalebra einen
und denselben Vicar, welchen das Stift Jechaburg einsetzte. Dieses Verhältniss bestand bis 1491, in welchem Jahre Graf Günther auf das Gesuch der beiden Gemeinden,
welches Dechant und Convent zu Jechaburg befürworteten, beide Capellen dismembrirte
und einer jeden derselben einen eigenen Vicar gab.

Dieses Verhältniss bestand bis 1574: von dieser Zeit an ist die Kirche zu Hohenebra die Mutterkirche von der zu Thalebra.

Von den drei Kirchenglocken mit 1,11, — 0,92 und 0,76 m Durchmesser
wurde die grosse 1881 von Gebr. Ulrich zu Apolda, die mittlere 1871 von Georg
Friedr. Ulrich zu Apolda und die kleine 1832 von E. Rumpel zu Mühlhausen gegossen.

Nach Hohenebra ist der nördlich davon gelegene Bahnhof der Nordhausen-Erfurter
Eisenbahn eingepfarrt.

Das Stiftsgut zu Hohenebra wurde dem Kloster Ilfeld im 13. Jahrhundert
vom Grafen Christian von Clettenberg verkauft. 1269 consentirt Berthold von
Clettenberg, Canonicus zu Halberstadt, in den Verkauf unter der Bedingung, dass
die Mutter des Verkäufers und die Gattin des Grafen Conrad, Bruders des gen.
Berthold, lebenslänglich den Niessbrauch von dem betr. Gute behalten. Im Jahre
1287 kam das Stift in den vollen Besitz desselben und erhielt damit zugleich die Gerichtsbarkeit über das Dorf Hohenebra, bis diese in neuerer Zeit aufgehoben wurde. —

Die alten Gebäude des Stiftsgutes brannten 1829 ab und wurden durch neue
ersetzt.

Das nördlich von Hohenebra gelegene Feld heisst Benneckenrode und soll
diesen Namen von einem vormals dort gelegenen Dörfchen dieses Namens erhalten
haben. Von der Wüstung selbst ist keine Spur mehr vorhanden.

Holzengel,

Pfarrkirchdorf mit 453 Einw., Engilin, 18 km südöstlich von Sondershausen, liegt in einer kleinen Vertiefung der von der Hainleite ausgehenden Hochebene, die sich von dort aus nach Süden und Osten allmählich abdacht, und an der Quelle eines Baches.

Urkundliche Namensformen: 1398 Holzengele, 1467 Holzenengilde. Vergl. die Einleitung über die Namen der Dörfer auf engele etc. und den Gau Engilin.

Die Kirche St. Trinitatis, sedes Greussen, wurde 1753 neu erbaut, nachdem die vorige 1747, von einem Blitzstrahl getroffen, abgebrannt war.

Von den drei Kirchenglocken mit 1,14, — 0,86 und 0,73 m Durchmesser wurden die grosse 1776 von Joh. Georg und Joh. Gottfr. Ulrich zu Apolda und die beiden andern 1864 von Gebr. Ulrich, ebenfalls zu Apolda, gegossen.

In baulicher Beziehung ist das Portal eines vormaligen Freigutes dort (s. Fig. 19)

Fig. 19.

erwähnenswerth, dessen Sculptur, wenn auch nicht besonders fein, doch umsomehr Anerkennung verdient, als das Material desselben ein harter Kalkstein ist. Es stammt aus dem Jahre 1596.

Holzsussra.

Pfarrkirchdorf mit 501 Einw., Altgau, 19 km südwestlich von Sondershausen, liegt in einem engen Thale und wird von dem kleinen Bache Urbach durchflossen, dessen tiefes und breites Bett das Dorf in zwei Hälften theilt.

Urkundliche Namensformen: 874 Holzsuozara, 1340 Holtzsusera, Holzsusere, 1417 Holzsusser; im Volksdialekt: Holzsuhster.

Die Kirche St. Bonifacii, sedes Marksussra, wurde 1834 neu erbaut; ihre Vorgängerin stammte nach der Inschrift auf einem an der Südseite des alten Thurmes eingemauerten Stein aus dem Jahre 1463.

Von den drei Kirchenglocken mit 1,6, — 0,91 und 0,60 m Durchmesser wurde die grosse 1827 von Joh. Friedr. See zu Creutzburg gegossen, die mittlere hat als Inschrift nur die Namen der vier Evangelisten (s. Fig. 20), und die kleine, ohne

Fig. 20.

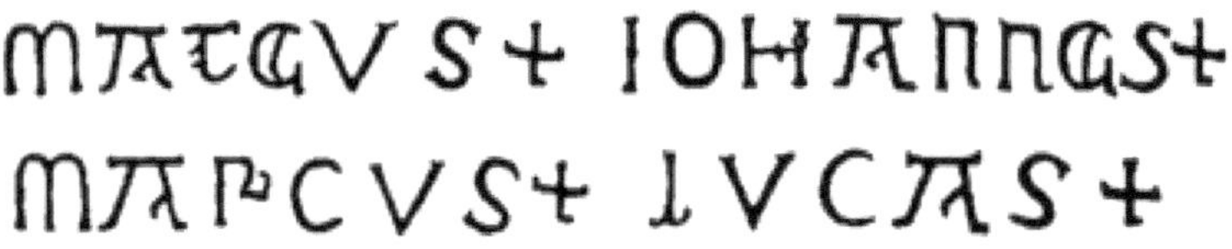

MATGVS + IOHANNGS+

MARCVS+ LVCAS +

Inschrift, ist ihrer Form nach alt.

Das Dorf Holzsussra war bis 1340 Eigenthum der Grafen von Honstein; in dem erwähnten Jahre verkaufte Graf Heinrich III. von Honstein dasselbe mit allen Gerechtigkeiten an die Ritter Ludolph, Otto und Albrecht von Ebeleben um 70 Mark, und es gehörte von da an zur Herrschaft Ebeleben unter kursächsischer Lehnsoberhoheit, bis es gegen das Ende des sechzehnten Jahrhunderts mit der Herrschaft Ebeleben in den Besitz der Grafen von Schwarzburg kam.

Holzthaleben.

Pfarrkirchdorf mit 1214 Einw., das grösste Dorf der Unterherrschaft, Altgau, mit einer fürstlichen Domaine, 29 km westlich von Sondershausen, liegt in einem unebenen Thalgrunde, mit seinem kleineren Theile, dem Oberdorfe, etwas höher, als mit dem andern grösseren Theile, der an den Abhängen und im Grunde des erst nach N., dann nach NO. sich senkenden Thales erbaut ist, und an der Keula-Ebeleber Chaussee.

Urkundliche Namensformen: Talheim, Thalheim, 1324 Wasserloses Talheim, 1532 Thalheimb und Holztalheim; erst später Holzthaleben.

Die Kirche St. Petri und Pauli, sedes Marksussra, wurde 1747 erbaut, nachdem 1745 das alte sehr stattliche Kirchengebäude durch eine Feuersbrunst zerstört worden war.

Von den drei Kirchenglocken mit 1,33, — 1,55 und 0,80 m Durchmesser wurden die grosse und mittlere 1818 von E. Chr. Koch zu Mühlhausen und die kleine 1878 von Carl Friedr. Ulrich zu Apolda gegossen. — An der grossen Glocke befindet sich ein Medaillon mit den Aposteln Petrus und Paulus.

An der linken Seite des südöstlichen Eingangs zum Gottesacker trägt ein Stein, der sich früher über dem vormaligen Gottesackerthore befand, die Inschrift: VIVE MEMOR LETHI 1611, und ein Stein über dem nördlichen Eingange desselben hat als Inschrift: W. 1699.

Ausser der beschriebenen Kirche gab es früher zu Holzthaleben noch ein kirchliches Gebäude, die Wallfahrtscapelle St. Lorentii, welche am nordwestlichen Ende des Dorfes lag. Eine sichtbare Spur ist zwar von derselben nicht mehr vorhanden; aber als ihren Stand bezeichnet man eine Stelle in dem sog. Brehmens-Garten. Dort soll auch die Glocke ausgegraben worden sein, welche bis zu dem grossen Brande, der das Dorf 1745 betraf, auf dem kleinen Thurme der Gemeindeschenke hing und mit beim Gusse der jetzigen Glocke daselbst verwendet wurde.

Wüstungen. Etwa 2 km westlich von Holzthaleben lag vormals ein Kloster, das Katharinenstift genannt, nebst einer Capelle, beide reich dotirt. Nach Einführung der Reformation wurden sie aufgehoben und die bedeutenden Einkünfte derselben der Kirche und Pfarrei zu Holzthaleben zugewendet. Von den Gebäuden oder auch nur von den Grundmauern derselben findet man an dem einstigen Standorte nichts mehr; nur Dornen und wilde Rosen wachsen an jener Stelle, welche den Namen Katharinenkirchhof führt.

Ebenfalls 2 km von Holzthaleben entfernt, aber in südwestlicher Richtung davon gelegen, ist die Wüstung Berterode von einem vormaligen Dörfchen dieses Namens. Spuren von demselben sind nicht mehr vorhanden; aber die Gegend, in welcher es lag, heisst nach ihm der Berteröder Grund, und es giebt über dasselbe auch einige urkundliche Nachrichten. Nach einer Urkunde des Klosters Volkenrode von 1197 bestätigt der Landgraf Hermann von Thüringen den Kaufvertrag, nach welchem der Abt Abold von Volkenrode für das Kloster von einigen Vasallen des Landgrafen Güter zu Berterode und Menterode um 70 Mark erworben hat. — Nach Galetti's Geschichte des Herzogthums Gotha IV. 225, war Berterode nach Menterode eingepfarrt. — Wahrscheinlich ist dieses Berterode derselbe Ort, welcher im Jechaburger Archidiaconatsregister von 1506 unter dem Namen Bertholderode als zur sedes Marksussra gehörig, aber als desolat bezeichnet wird.

Eine fernere Wüstung in der Flur von Holzthaleben, 2 km südöstlich vom Dorfe, ist die von dem untergegangenen Dörfchen Möhlisch. Spuren von demselben und urkundliche Nachrichten über dasselbe sind nicht vorhanden; doch führt eine kleine Waldung in der Nähe seines ehemaligen Standortes den Namen Möhlisches Hölzchen.

Ueber die theilweise zu Holzthaleben gehörige Wüstung Ingelstedt vergl. Grossbrüchter.

Jecha,

Pfarrkirchdorf mit 1091 Einw., Wippergau, 2 km südöstlich von Sondershausen, liegt unweit des rechten Wipperufers.

Die urkundlichen Namensformen des Dorfes weichen von seinem jetzigen Namen wenig ab und sind: Gicha, Giche, Jicha und Jiche.

Die Kirche St. Mattbaei, sedes Jechaburg, ist bezüglich ihres östlichen Theiles und des Thurmes sehr alt. Ursprünglich war das ganze Kirchengebäude dort nur eine kleine Capelle, die aus dem unteren Kreuzgewölbe des Thurmes und einem östlichen, ebenfalls mit einem Kreuzgewölbe versehenen Anbau bestand. Die langen schmalen gothischen Fenster des lezteren sind noch vorhanden. — Im Jahre 1476 wurde die Capelle nach W. hin verlängert, wie aus der an der äusseren Südseite der Kirche befindlichen Inschrift zu sehen ist:

aūo ∘ dm̄ ∘ m̄ ∘ cccc lxxvi ∘ cõpletū ∘ pūs ops ſub plbō theodr ∘ hunoldt ∘

Neben dieser Inschrift steht auf derselben Steinplatte oben matheus — der Name des Schutzheiligen der Kirche —, und darunter ist die Figur einer Sonnenuhr eingeritzt.

In der nördlichen Wand der Kirche befindet sich ein jetzt zugemauerter Thorbogen, gerade dem Eingange an der Südseite der Kirche gegenüber; wahrscheinlich fanden vor der Reformation durch beide Processionsaufzüge statt.

In der Kirche ist die 4,25 m hohe Altartafel erwähnenswerth. Auf schwarzem Grunde ist sie mit Figuren verziert, die aus weissem Marmor kunstfertig gemeisselt sind. In der Mitte der Tafel befindet sich ein 0,65 m hohes Crucifix, ebenfalls von Marmor. An dem obern Ende derselben ruht auf einem Karnies an den beiden Ecken ein Engel. Leider fehlt hier und da eine der aus biblischen Personen, Blumen, Blattgewinden etc. bestehenden Figuren oder ein Theil derselben. — Diese Altartafel war früher in der Schlosscapelle zu Sondershausen aufgestellt und wurde der Kirche zu Jecha 1724 vom Fürsten Günther verehrt.

Der Taufstein, aus einem grossen roh zugehauenen Steine bestehend, ist uralt und mag bereits in der alten Capelle als Taufstein oder auch als Weihkessel gedient haben.

Die drei Kirchenglocken von 0,90, 0,74 und 0,63 m Durchmesser wurden insgesammt 1852 von Gebr. Ulrich zu Apolda gegossen.

Die Kirche zu Jecha war bis 1653 Filial von Sondershausen, indem der Diaconus der Stadtkirche daselbst das Pfarramt zu Jecha mitzuverwalten hatte.

Wüstungen. In der Flur des Dorfes J. finden sich zwei Wüstungen, das alte Vorwerk und Ankerode. Die erstere liegt etwa 3 km südwestlich von J. am Ende des Spierenthales und westlich vom Büchenbrunnen, im Walde unterhalb der Spatenburg (Oblenburg). Wahrscheinlich lagen dort einst die Wirthschaftsgebäude, Stallungen etc. der Spatenburg, für die um und neben der letzteren kein Raum mehr war, und denen man den Namen Vorwerk gab. Bauliche Ueberreste findet man an dem vermeintlichen Standorte derselben nicht mehr.

Die zweite Wüstung, Ankerode, rührt von einem Dörfchen her, welches nur

0,5 km südlich vom Dorfe Jecha da gelegen haben soll, wo der Weg nach dem Spieren-
thale und der nach Holzengel sich scheiden.   Bis zur Separation hiess ein Graben,
welcher sich von der betreffenden Wüstung bis nach Jecha erstreckte, der Anke-
röder Fluthgraben.   Sichtbare Spuren von dem Dörfchen sind nicht mehr vorhanden.

Jechaburg,

Pfarrkirchdorf mit 296 Einw., Wippergau, 2,5 km westlich von Sondershausen, am südlichen Abhange des Frauenberges, aber noch ziemlich hoch gelegen, so dass man von
da aus eine reizende Aussicht ins Bebra- und Wipperthal hat, auch das Dorf selbst
mit den hinter ihm und zum Frauenberg sich hinauf erstreckenden Berggärten einen
herrlichen Anblick gewährt.

Urkundliche Namensformen: 1128 Gigenburg, Gigeburg, 1144 Jecheburc,
1188 Gicheborg, Giecheburhe, 1189 Jecheburch, 1297 Jhecheburg, Jeich-
berge, 1303 Jecheborg, Jechenborg, später Jechenburgk, Jecheburc, Jechin-
burg und Jichenburg.

Die Kirche St. Petri, Archidiaconat und Decanat oder sedes Jechaburg,
Mutterkirche von denen zu Bebra und Stockhausen, ist im Grundrisse ein Rechteck
von 23,8 m Länge und 11,9 m Breite im Innern und ohne architektonischen Schmuck.
Die Umfassungsmauern haben eine Stärke von 1,26 m, und nur der Theil derselben
an der nordwestlichen Ecke, welcher ein Rest der Thurmmauer der alten Stiftskirche ist,
hat eine Stärke von 2,20 m.   Der Grundstein der Kirche ist, wie ein in derselben
stehender Stein angibt, unter dem Fürsten Günther am 26. August 1726 gelegt
worden, und sie wurde, nachdem sie nothdürftig ausgebaut war, am 1. April 1731
eingeweiht.

Die alte Dom- oder Stiftskirche St. Petri und Pauli, welche früher an
der Stelle der jetzigen Kirche stand, und welche der dort gegründeten und einst so bedeutenden Domprobstei ihren Ursprung verdankt, soll dreizehn Altäre und viele
kostbare Gemälde und andere Kunstwerke enthalten haben.   Um das Jahr 1000 gegründet, war sie in der zweiten Hälfte des sechzehnten Jahrhunderts allmählich in
Verfall gerathen, dass man sie nur noch bis etwa 1625 benutzen konnte.   Von da ab
bis 1727 dienten zu gottesdienstlichen Versammlungen die Bodenräume der Schule
und seit 1639 ein kleines Erbauungshaus, das man an den alten Thurm anlehnte, der
aber nebst der kleinen Kirche durch einen Blitzschlag (1725) in einen unhaltbaren
Zustand versetzt wurde, worauf man zu dem eben erwähnten Neubau schritt.

Die jetzige Kirche besitzt zwei Glocken, die in einem zwischen der Kirche und
der Pfarrwohnung stehenden Glockenstuhle aufgehängt sind.   Die grössere von 0,70 m
Durchmesser ist 1874 aus dem Metalle einer älteren zersprungenen unter Hinzunahme
der vom deutschen Kaiser zu diesem Zwecke geschenkten, im deutsch-französischen
Kriege eroberten Kanonenbronce gegossen worden.   Die kleinere von 0,26 m Durchmesser, die allein übrig gebliebene von den fünf Glocken, welche die alte Stiftskirche
besessen haben soll, hat folgende den oberen Rand umgebende Inschrift (s. Fig. 21).

Unter dieser Inschrift befindet sich an beiden Seiten der Glocke je ein Medaillon,

Fig. 21.

Fig. 22.   *Fig. 24.*

Fig. 23.

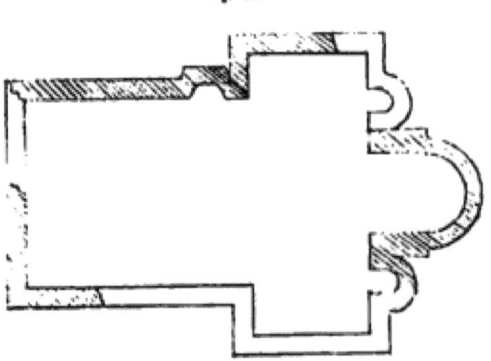

das eine enthält das Bild des Apostel Petrus mit dem Schlüssel, das andere das Bild der Maria, das Crucifix im Schosse haltend (s. Fig. 22).

Bald nach Erbauung der Domkirche war auf dem Berge, an dessen Abhange Jechsburg liegt, eine Capelle errichtet worden, die man Unserer Lieben Frauen weihete, und von welcher der Berg den Namen Frauenberg erhielt. Ihr Bestehen bis in die zweite Hälfte des sechzehnten Jahrhunderts wird von Paul Jovius ausdrücklich bezeugt; später hatte auf dem Berge sich so sehr jede Spur' von ihr verloren, dass man sie in missdeutender Auffassung der Ueberlieferung von einer in monte gelegenen Capelle an dem Berge suchen zu sollen glaubte, und es bedurfte der scharfen Combinationsgabe des Archivraths Prof. Dr. Irmisch, um ihren Standort auf dem Berge zu entdecken. Namentlich auf seine Anregung und nach seinen Angaben wurden 1873 Nachgrabungen gemacht und die Grundmauern der betr. Capelle blossgelegt. (Vergl. Regierungs- und Nachrichtsblatt des F. Schwarb.-Sond. 1873, No. 135—152). Der Grundriss derselben ist in Fig. 23 dargestellt.

Die Abmessungen der Capelle sind hiernach: Länge des Innenraumes von der Westmauer bis zum Ende der Altarnische 19,62 m, Länge des Querschiffes 12,08 m, Breite desselben 5,34 m, Breite des Schiffes 8 m, Länge desselben von der Westmauer bis zum Anfange des Querschiffes 10,04 m. Der Grundriss, so wie die beim Aufgraben gefundenen Architekturtheile ergeben, dass die Capelle im romanischen Stile erbaut war.

Wie bereits mitgetheilt wurde (vergl. Einleitung), ist in Jechaburg schon frühzeitig ein Benedictinerkloster gegründet worden; wann dies aber geschah, weiss man nicht genau. weil die Urkunde über die Fundation desselben nicht mehr vorhanden ist. Nach den Mittheilungen einiger Chronisten soll es vom Kaiser Otto I. (936—973), nach denen anderer vom Erzbischof Willigis von Mainz ums Jahr 989 gegründet, bald nachher auch die Kirche St. Petri und Pauli erbaut worden sein.

Im Jahr 1004 wurde das Kloster in ein Domstift und eine Domprobstei verwandelt. Das Domcapitel bestand aus einem Probst, einem Dechanten und zwölf präbendirten Domherren. Bis 1482 wählte der Erzbischof von Mainz den Probst, in diesem Jahre aber erhielten die Grafen von Schwarzburg das Recht, sowohl den Probst, als auch die Domherren zu ernennen. Der Siegelstempel des Capitels (s. Fig. 24) enthält die Bilder der Apostel Petrus und Paulus und die Umschrift: S. CAPITLI SCOR. APLOR. PETRI. ET PAVLI. I IECHEBVRC *

Die Schutzgerechtigkeit über die Probstei hatten anfangs die Landgrafen von Thüringen und die Grafen von Kirchberg; später kam sie an die Grafen von Honstein und von diesen an die Grafen von Schwarzburg.

Die Probsteigebäude lagen südlich von der Domkirche; sie sind aber selbst bis auf die Grundmauern verschwunden.

Darüber, dass die Probstei oder das Archidiaconat Jechaburg mit der Zeit sehr bedeutend wurde und eine solche Ausdehnung erhielt, dass es in elf Decanate oder sedes eingetheilt wurde, vergl. Einleitung.

Aber auch diese so bedeutende Stiftung erlag endlich der Ungunst der Zeit und der Rohheit der Menschen, welche letztere namentlich zur Zeit des Bauernkrieges so vielen Klöstern den Untergang bereitete. Auch das Stift Jechaburg hatte durch den Bauernkrieg (1525) sehr viel zu leiden: es wurde völlig ausgeplündert, wobei sehr viele Urkunden desselben verloren gingen. Bald nachher verliessen auch einige Domherren und Canonici dasselbe; es bestand jedoch noch bis 1552 als katholische Anstalt. In diesem Jahre besetzte Graf Günther XL. das erledigte Decanat mit einem evangelischen Dechanten, Valentin Vogler, und 1572, nach andern 1592, wurde das Stift säcularisirt. Ein Theil seiner Einkünfte wurde zur Besoldung neu angestellter Lehrer an der Stadtschule zu Sondershausen und der Geistlichen daselbst, so wie zu der des Pfarrers zu Jechaburg verwendet; die meisten nahe gelegenen Ländereien aber wurden mit den Vorwerken zu Stockhausen und Sondershausen vereint.

Zur Gründung des Dörfchens Jechaburg soll eine Burg als erstes Gebäude dort Veranlassung gegeben haben, in deren Nähe man sich allmählich angesiedelt habe. Johannes Rothe in seiner Chronik und andere erzählen, dass jene Burg vom Könige Ludwig, einem Sohne Ludwig des Deutschen, auf dem Berge, der nachmals den Namen Frauenberg erhielt, ums Jahr 878 entweder neu erbaut oder wenigstens restaurirt und vergrössert worden sei, und dass er auf derselben gern Hof gehalten habe. — Gleichwohl war schon zur Zeit des Johann Rothe auf dem ganzen Berge nichts zu finden, was auf das einstige Vorhandensein einer Burg, also eines grossen Gebäudes hätte schliessen lassen. Zwar sieht man dort noch heute allerlei Bodenerhebungen und Furchen, die ohne genaue Prüfung leicht verleiten könnten, jener Erzählung von einer Burg daselbst Glauben zu schenken. Doch dieser früher ziemlich weit verbreitete Glaube dürfte seit der gründlichen Untersuchung, welcher man vor mehreren Jahren die obere Fläche jenes Berges unterzog, wohl allgemein als ein irriger erkannt werden.

Bei der Aufgrabung der Grundmauern von der Capelle auf dem Frauenberge, über welche oben berichtet worden, wurde nach dem glücklichen Erfolge derselben auch das ganze übrige Terrain jenes Berges, namentlich seine obere Fläche einer eingehenden Besichtigung und Untersuchung unterworfen, durch welche es sich als ganz unzweifelhaft herausstellte, dass dort niemals eine Burg gestanden habe; zugleich aber wurden jene Bodenerhebungen und Senkungen nicht blos sorgfältig untersucht und beschrieben, sondern man verschaffte sich auch über den Zweck derselben eine bestimmte und, wie jeder Unbefangene zugeben muss, zweifellos richtige Ansicht.

Ueber das gewonnene Resultat erstattete Prof. Dr. Irmisch in dem Sondershäuser Regierungsblatte vom Jahr 1873, No. 153—155, Bericht und knüpfte daran die dankenswerthesten Erklärungen über den Zweck jener Bodenerhebungen oder Wälle und Gräben, über die muthmassliche Zeit ihrer Entstehung u. a. m. — Jenem Berichte entnehmen wir Folgendes:

Die Bodenerhebungen und Furchen auf dem Frauenberge stammen unstreitig aus uralten Tagen. Sie gehören zu den Befestigungen und Umfriedigungen, welche Ringwälle oder Hünenburgen genannt werden. Eine solche Umwallung umgibt den grössten Theil des Ost-, Süd- und Nordrandes der baumlosen Fläche. Sie ist indessen an den bezeichneten Rändern nicht vollständig gut erhalten; am deutlichsten ist der Wall an der Mittagsseite. Die den Rand umsäumenden Wälle hatten nach aussen keine Gräben, da der Abhang des Berges sie unnöthig machte. Das Material für diese Randwälle gewann man lediglich dadurch, dass man an der Innenseite den Boden aushob und ihn kunstlos ohne irgend ein Mauerwerk zu einem Walle aufwarf. Am besten erhalten sind die Wälle, welche von dem südlichen Rande quer über die ebene Fläche des Berges nach Norden laufen.

Der erste Querwall findet sich etwa 300 Schritte von der Stelle, wo man auf

dem bequemern Wege an der Südseite in der Nähe einer Rabenhütte die Höhe des
Berges erreicht. Derselbe geht in gerader Richtung zum Nordrande des Berges und
ist etwa 320—330 Schritte lang. Er wird nicht genau in seiner Mitte, sondern näher
nach dem Südende hin von einem Durchgange, der nur wenige Schritte breit ist,
durchschnitten und bildet mit dem von den Randwällen umsäumten Theile des Berges
die Hälfte einer langgezogenen unregelmässigen elliptischen Fläche, deren Gesamt-
umfang gegen 2000 Schritte, deren Länge von dem Walle bis zum Ostrande gegen
630—650, deren grösste Breite gegen 350 Schritte beträgt. Der Querwall hat an
seiner Basis eine ungefähre Breite von 20 Schritten; vor ihm, d. h. an seiner Innenseite, zieht sich ein muldenförmiger Graben hin, nach N. wird derselbe allmählich
flacher und fehlt endlich von einer ziemlich langen Strecke des Walles gänzlich; an
gut erhaltenen Stellen hat er oben eine Breite von 18—20 Schritten.

Weiter nach W. hin zieht sich vor dem ersten Querwalle über die auch hier
baumlose Fläche des Berges ein zweiter Querwall, der sich in einer sanft gekrümmten
Linie um Südende des Berges an das Südende des ersten Querwalles anschliesst; nach
W. hin begleitet er auf einer langen Strecke den Saum des Waldes und ist hier von
dem ersten Walle ziemlich entfernt, aber an der Nordkante des Berges schliesst er
sich an den ersten Querwall an. Der zweite Querwall ist im Ganzen 10 Fuss breit,
und eben so breit ist der vor ihm laufende Graben; vor allen Durchgängen sind
selbstverständlich keine Gräben.

Im Walde verlaufend und etwa 300 Schritte von dessen Ostende entfernt ist
endlich noch ein dritter Querwall, etwa 400 Schritt von dem zweiten Querwall,
der, wie auch der vor demselben, d. h. westwärts, befindliche Graben, 10 Fuss breit
ist. Nach N. geht dieser Querwall in dem Gebüsch der Hochfläche weiter, südwärts
steigt er den Bergabhang hinunter und wendet sich in schiefer Richtung nach O., ver-
liert sich aber bald gänzlich.

Die Höhe der Querwälle und die Tiefe der Gräben ist verschieden; an einigen
Stellen, wo sie gut erhalten sind, beträgt beides durchschnittlich 4 Fuss.

Diese Wälle und Gräben, ein den ursprünglichen Bodenverhältnissen des Frauenberges gut angepasstes Schutz- und Vertheidigungssystem — so schliesst Prof.
Irmisch seinen Bericht —, sind nichts mehr und nichts weniger als — die Jechaburg oder doch die Reste derselben. Eine andere Burg gab es niemals auf diesem
Berge und konnte es nicht geben, weil nach unbefangener Betrachtung und Wür-
digung der Oertlichkeit und der ganzen Terrainverhältnisse eine mittelalterige Burg,
wie etwa der Straussberg und die Sachsenburg, also eine Burg von geringem Umfange,
dort oben eine sehr unzweckmässige Lage gehabt haben würde; hätte sie aber eine
dem Umfange des Berges entsprechende Ausdehnung gehabt, dann müsste sie geradezu
einer Festung ähnlich gewesen sein. Und in beiden Fällen ist es kaum glaublich,
dass sich keine Spur von derselben sollte erhalten haben.

Ausgeschlossen ist dabei nicht, dass in oder bei der Jechaburg auch noch besondere, ebenfalls primitive Wohnstätten vorhanden waren zur Bergung und zum Schutze
der Menschen, ihrer Hausthiere und der Nahrungsmittel für diese und jene auf längere
oder kürzere Zeit.

Was aber das Alter dieser Burg betrifft, so fällt ihr Ursprung jedenfalls, wie
schon oben angedeutet, in die vorchristliche Zeit zurück, und dass sie schon innerhalb
dieser von Bedeutung war, dafür spricht ausser ihrer eigenen primitiven Beschaffenheit

entschieden auch Folgendes. Die 1873 ausgeführte Aufgrabung der Grundmauern von der Capelle auf dem Frauenberge legte auch einen Theil einer jedenfalls heidnischen Opfer- oder einer Begräbnisstätte bloss. An der Ostseite der Capelle fand sich unter einer stärkeren Schicht von Schutt eine auffällig schwarz gefärbte Bodenschicht. In derselben wurden ziemlich zahlreiche Trümmerstücke von Thongefässen aufgefunden, deren ganze Beschaffenheit für ein hohes Alter sprach; auch viele zertrümmerte Knochen kamen vor. In gleicher Weise fand sich aber auch innerhalb des ersten Querwalles und ziemlich weit von dem Standorte der Capelle Erde, welche sich durch eine intensiv dunkle Färbung auszeichnete, und auch einige alte Urnenscherben fanden sich daselbst. Bei einer Nachgrabung auf dem Frauenberge im Jahr 1817 wurde eine offenbar sehr alte Begräbnisstätte blossgelegt.

Nach diesem Allen ist anzunehmen, oder wird es wahrscheinlich, dass der Frauenberg in sehr alter Zeit eine wichtige durch Wälle und Gräben geschützte Culturstätte war, in welcher man zu Zeiten der Gefahr Schutz und Zuflucht fand, Opfer brachte, Todte bestattete; ja selbst für ein mindestens zeitweises Weilen und Wohnen an einfachen Herd- und Wohnstätten spricht die weite Ausdehnung der wohl nur unter dem Einflusse des Feuers entstandenen dunkeln Erdschicht, wie man eine solche jenseit des ersten Querwalles nicht findet.

Keula,

Marktflecken mit 900 Einw., Altgau, der höchst gelegene Ort der Unterherrschaft, mit einer fürstlichen Domaine, 34 km westlich von Sondershausen, liegt an der westlichen Abdachung einer Hochebene und ist der Anfangspunkt der von da nach Ebeleben führenden Chaussee.

Urkundliche Namensformen: 966 Cul, 1178 Culaa, 1303 Kula, 1348 Oberkeula, 1363 superior villa dicta Kula; später gewöhnlich Ober- und Grosskeula zur Unterscheidung von dem jetzt gothaischen Dorfe Kleinkeula; im Volksdialekt: Kihle.

Die Kirche St. Trinitatis, sedes Markssssra, ist 1652 und 1653 neu erbaut worden, nachdem die vorige Kirche St. Martini 1637 abgebrannt war. Auf einem Steine an der Nordseite des Thurmes steht die Jahreszahl 1586, welche wahrscheinlich das Erbauungsjahr der letztgenannten Kirche bezeichnet.

In der Kirche befindet sich eine Altartafel (s. Beilage X) mit kunstvoller Holzschnitzerei; in der Mitte derselben ist die Grablegung Jesu dargestellt, und am obern Ende der Tafel befinden sich zwei Wappenschilder der Grafen von Schwarzburg. — Auch die Kanzel und die äussere Seitenlehne der Kanzeltreppe sind mit Holzschnitzereien verziert. — Altartafel und Kanzel stammen aus der Schlosscapelle zu Arnstadt und wurden der Kirche zu Keula von dem Grafen Anton Günther II. verehrt, welcher 1670 bis 1681 daselbst residirte.

Die Kirche besitzt ferner einen Taufstein von Marmor, welcher nicht ohne Kunstwerth ist; werthvoller aber war derselbe früher durch seine Verzierungen von Alabaster, die im Laufe der Zeit leider abgefallen sind. Dieser Taufstein wurde 1657 der Kirche von dem damaligen gräflichen Oberförster Wedekind dort verehrt.

Heilige Gefässe. Unter den heiligen Gefässen der Kirche zeichnet sich

Photogr. Aufn. v. A. Weinstock, Sondershausen.   Lichtdruck v. Römmler & Jonas, Dresden.

Die Altartafel in der Kirche zu Keula.

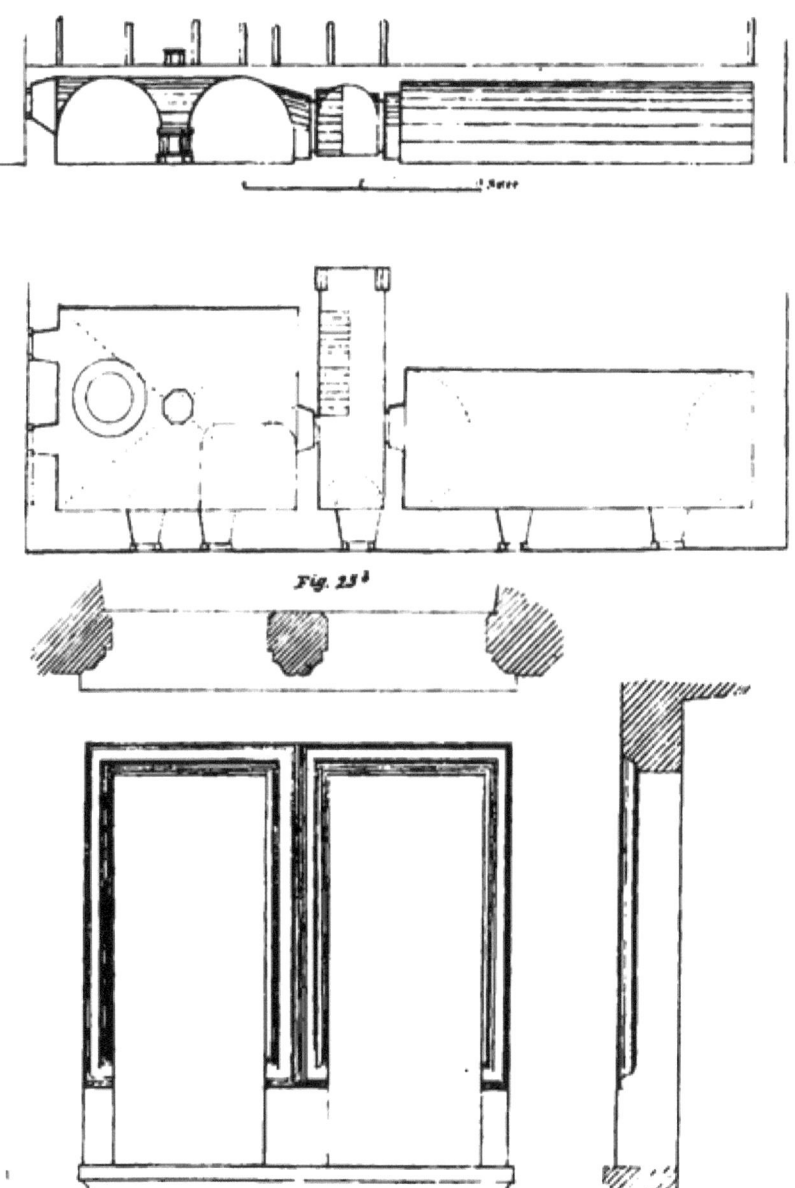

Fig. 25ª

Fig. 25ᵇ

namentlich ein silberner und vergoldeter Abendmahlskelch von 0,17 m Höhe und 0,10 m oberen Durchmesser aus. Er hat einen sechstheilig ausgeschweiften Fuss; auf einem der sechs Felder befindet sich ein liegendes Crucifix mit der Ueberschrift: I.N.R.I. Auf den sechs Köpfen des runden Knaufes stehen die Buchstaben: J.H.E.S.V.S. unter dem Knaufe stehen dieselben Buchstaben und über demselben: G.R.A.C.I.A.

Von den drei Kirchenglocken mit 1,26 — 1,9 und 0,90 m Durchmesser wurden die grosse 1832 von Joh. Friedr. See zu Creutzburg, die mittlere 1780 (ohne Namen des Glockengiessers) und die kleine 1818 von E. Chr. Koch zu Mühlhausen gegossen.

Profangebäude. Die fürstliche Domaine. Die sehr umfangreichen Gebäude derselben sind grösstentheils neuern Ursprungs; doch gehören zu ihr auch noch Ueberreste der alten Burg, welche sich in nächster Nähe befand, die benutzt worden sind, ihnen Ein- und Anbauten anzufügen.

Die erwähnte Burg, auch Schloss genannt, mit ihren interessanten Ruinen (s. Fig. 25ª), südwestlich von den Domainengebäuden gelegen, war nicht blos ein umfangreiches, sondern auch schönes Bauwerk; denn noch nach ihrem ersten Verfall sollen die Seitenwände mit ihren grossen Fensterreihen — zwei Fenstereinfassungen sind noch ziemlich gut erhalten, s. Fig. 25ᵇ. — und ihren architektonischen Zierathen einen grossartigen Anblick gewährt haben, wozu auch der hohe und ansehnliche Thurm beitrug, welcher die Burg weit überragte. Seinen Standort kann man noch genau an dem Gemäuer erkennen, das sich einst an ihn anlehnte.

Die Mauern der Burg waren, wie man noch an den Ruinen sieht, ungemein stark, ebenso die Gewölbe und die sie tragenden und stützenden Pfeiler: der mitten unter dem Kellergewölbe stehende Pfeiler, welcher in seiner Fortsetzung auch das Gewölbe der ersten Etage trug, hat einen Umfang von 2,40 m.

Ringsum war die Burg von einem hohen Wallgraben umgeben, über welchen eine Zugbrücke führte: gegenwärtig ist derselbe zum Theil ausgefüllt und in Gartenland verwandelt, zum Theil steht er noch unter Wasser.

Wann und von wem die Burg erbaut wurde, darüber ist keine Kunde auf uns gekommen. Als ihre ersten Besitzer lernen wir die Grafen von Honstein kennen, von denen sie 1356 an die Grafen von Schwarzburg kam. Seit der Zeit diente sie bis gegen das Ende des siebzehnten Jahrhunderts öfters einer Linie dieses Grafenhauses als Residenz. Da sie aber nach jener Zeit nicht mehr dauernd bewohnt wurde, und auch der Fürst Heinrich, obwohl er sich als Prinz zwischen 1730 und 1740 und noch als Fürst (1740- 1758) oft und gern zu Keula aufhielt, nicht die Burg, sondern ein südlich von ihr gelegenes Nebengebäude bewohnte, so gerieth sie allmählich in Verfall. Im Jahre 1772 liess der Fürst Christian Günther einen Theil der Burg abtragen, ein noch grösserer Theil wurde 1811 von denjenigen Bewohnern des Orts abgebrochen und zum Wiederaufbau ihrer Gehöfte verwendet, welche letztere durch eine Feuersbrunst in jenem Jahre verloren hatten. Was damals noch übrig blieb, sind die oben erwähnten, zum Theil durch Einbauten nutzbar gemachten Ruinen.

Das südlich von der ehemaligen Burg gelegene und bereits erwähnte Nebengebäude besteht noch grösstentheils; ein Theil desselben ist dem fürstlichen Revierförster dort als Dienstwohnung angewiesen.

Burg, Dorf und Amt Keula waren schon frühzeitig freies Eigenthum der Grafen von Honstein. Im Jahre 1348 verpfändete Graf Heinrich III. von Honstein und

dessen Schwiegersöhne und Erben, die Grafen Heinrich und Günther von
Schwarzburg. Schloss und Dorf Oberkeula den Rittern Rudolph und Otto von
Ebeleben um 500 Mark, und letztere blieben von da an längere Zeit Burgherren
von K. Ihnen standen vier Burgmänner zur Seite, welche als solche mit Gütern
daselbst belehnt wurden. Diese Burgmänner waren: Herren von Worbis, von Trotha,
von Heringen und von Kreutzburg. Die Güter der beiden ersteren fielen nach
deren Aussterben den Grafen von Schwarzburg heim, das von Heringenische wurde
1818 dismembrirt, das von Kreutzburgische ist in den Besitz einer anderen Familie
käuflich übergegangen.

Bezüglich des Ortes Keula, der jetzt in unmittelbarer Nähe der alten Burg
liegt, ist zu erwähnen, dass derselbe dort gleichsam seinen zweiten Standort hat. Der
alte Ort, urkundlich unter den Namen Cul, Kula etc. aufgeführt, lag südlich von dem
jetzigen Marktflecken Keula in einem Thalgrunde und wurde desshalb gewöhnlich
Niederkeula genannt. Da der Ort aber öfters durch Ueberschwemmungen zu leiden
hatte und einst noch von einer grossen Feuersbrunst betroffen wurde, so siedelte sich
die ganze Einwohnerschaft in der Nähe der hochgelegenen Burg Keula an. — Ein
Brunnen bezeichnet noch den Standort des ehemaligen Dorfes Niederkeula.

Im Jahre 1793 erhob der Fürst Christian Günther das Dorf Keula zu einem
Marktflecken.

Kirchengel,

Kirchdorf mit 305 Einw., Engilin, mit einem Ilfeld'schen Stiftsgute, 14,6 km südöstlich von Sondershausen, liegt auf einer von der Hainleite nach Süden sich erstreckenden Hochebene.

Urkundliche Namensformen: 1231 Kirceggelie, 1253 Kirch Engille, Kirch
Engelde, 1317 Kirch Engilde, 1398 Kirchengele, 1467 Kirchenengelde, im
16. Jahrhundert Ostruilinge (Oesterengel im Gegensatz zu Westerengel). — Ueber
den Namen der Dörfer auf engel und des Gaues Engilin vergl. Einleitung.

Die Kirche St. . . . . . ., keiner Jechaburger sedes zugehörig, Filial von
Westerengel, ist schon sehr alt und war ursprünglich nur eine kleine Capelle, welche
1694 nach W. hin verlängert wurde. Im Jahre 1883 wurde sie renovirt, wodurch ihr
Inneres ein sehr freundliches Ansehen gewonnen hat. — Der Altar ist mit zwar
einfacher, aber sehr hübscher Holzschnitzerei verziert.

Die beiden Kirchenglocken von 0,94 und 0,76 m Durchmesser sind 1818
von Braun zu Wasserthaleben gegossen worden.

Das Stiftsgut, Ilfelder Hof genannt, war vormals ein Kloster, über dessen
Gründung und Dauer sich keine Kunde erhalten hat; dasselbe scheint übrigens nicht
lange bestanden zu haben. Das Klostergebäude lag an der Westseite des Gutshofes, und seine letzten Ueberreste sind erst in dem fünften Jahrzehnt unseres Jahrhunderts abgebrochen und an deren Stelle Fruchtböden errichtet worden. — Das alte
Wirthschaftsgebäude des Klosters jedoch hat sich bis heute erhalten und ist,
obwohl es aus Holz und Fachwerk besteht, ein sehr solides Gebäude mit theils ungemein grossen, theils kleinen zellenartigen Räumen. In demselben befindet sich

ein Ofen. der das Interesse jedes Beschauers erregt. Derselbe, in einem grossen Wohnzimmer der zweiten Etage aufgestellt, weist nicht blos ungewöhnliche Dimensionen bezüglich seiner Höhe und Tiefe auf, sondern auch eine sehr kunstfertige Ausstattung seines Materials, namentlich seiner Thontafeln. Der Ofen ist, seine hölzernen Füsse abgerechnet, 2,14 m hoch. 0,72 m breit und 1.12 m tief und besteht aus einem Untersatze und zwei Aufsätzen. Der Untersatz besteht aus einem eisernen Kasten, auf dessen Vorderblatte die Buchstaben E. A. (Namenszug des Herzogs von Braunschweig-Lüneburg) stehen; auf jedem Seitenblatte ist ein Pferd abgebildet. — Die beiden Aufsätze bestehen aus thönernen Tafeln, auf welchen sich theils nur Inschriften, theils Figuren und Inschriften befinden. Von den Tafeln des unteren Aufsatzes enthalten die ersten an jeder Seite von der Wand her die Worte: Rudolphus Augustus von Gottes Gnaden Herzog zu Braunschweig und Lüneburg (geb. 1627, gest. 1704) Remigio Altissimi; die je drei folgenden enthalten die Ueberschriften: die Hoffnung, die Stärke, der Glaube, und darunter stehen die sinnbildlichen Figuren derselben; auf den beiden die abgestumpften Ecken bildenden Tafeln befindet sich je eine Figur ohne Ueberschrift. — Auf den Tafeln des oberen Aufsatzes beider Seiten sind zwei Ritter und auf der Tafel der Vorderseite ist ein mit einer Krone geschmückter Ritter abgebildet.

Ein kleines Zimmer in der untern Etage desselben Gebäudes führt den Namen Schulstube. muss also wohl früher als solche gedient haben.

Im Jahre 1247 bestätigt Pabst Innocenz IV. dem Kloster Ilfeld Besitzungen in Kirchengel. Wahrscheinlich betrifft dies eine von den Herren von Clettenberg gemachte Schenkung. die in dem jetzigen Stiftsgute daselbst oder einer Zugehörung desselben bestand.

Wüstung. Zu der Länderei des Stiftsgutes dort gehört ein Areal von 54 ha. die in dem zwischen Westerengel und Oberspier befindlichen Flurtheile Reinisch liegen, und an welchem auch die Gemeinden Westerengel und Oberspier Theil haben. Den Namen hat jenes Feld der Sage nach von einem vormals dort gelegenen Dörfchen oder Kloster erhalten, und so könnte Reinisch den Namen einer Wüstung bezeichnen. Aber es fehlt jede Kunde von einem Dorfe oder Kloster dieses Namens. — Dieses Dunkel dürfte durch eine Urkunde des Klosters Capella etwas gelichtet werden. In der betr. Urkunde aus dem Jahre 1200 etwa heisst es nämlich: Der Probst Wezilo des Klosters Capella tritt mit Erbrecht (jure hereditario) an Hermann, Siffrid und Wernher in Engilde zwei und eine halbe Hufe Land, in Rinthse gelegen, ab. — Eine alte Aufschrift dieser Urkunde lautet: „Ueber Güter in Western-Engilde neben Rabensborn". Nun heisst aber das östliche an das betr. Reinisch grenzende Feld noch heute Rabensborn. und somit wäre der ursprüngliche Name des neben Rabensborn liegenden Feldes nicht Reinisch, sondern Rinthse, und dieses war somit ein Besitzthum des Klosters Capelle.

Wenn nun der Sage nach dort ein Kloster lag. dessen Insassen, wie die Sage weiter berichtet, zur Befriedigung ihrer religiösen Bedürfnisse die Kirche oder Capelle in dem südlich davon gelegenen Marbach zugewiesen worden wäre. so dürfte dies wohl mehr von den Bewohnern eines weltlichen Gebäudes, als von denen eines Klosters gesagt werden können. Daher mag dort wohl ein anderes Gebäude oder auch ein Dörfchen mit einem Vorwerke des Klosters Capella, Rinthse genannt, gelegen haben, aus welchem Namen mit der Zeit Reinisch geworden ist. So befindet sich dort also die Wüstung Rinthse. Sie liegt 2 km nordwestlich von Westerengel und eben so weit nordöstlich von Oberspier. Ein offener unausgemauerter Brunnen dort möchte vielleicht noch eine Hinterlassenschaft und zwar die einzige des alten Rinthse sein.

Kleinbrüchter und die Domaine Peukendorf.

Kleinbrüchter, Kirchdorf mit incl. Peukendorf 467 Einw., Altgau, 26,2 km südwestlich von Sondershausen, liegt zwischen zwei kleinen Bächen, die sich östlich von dem Dorfe vereinigen und in die Helbe münden.

Urkundliche Namensformen: 1366 minor Bruchtirde und Bruchterde, 1417 Wenigen Brüchterde und Wenigen Brüchter, 1532 Klein Bruchter. Vergl. Grossbrüchter.

Die Kirche St. . . . . . sedes Marksussra, Filial von Grossbrüchter, wurde 1831 neu erbaut, nachdem die vorige 1661 erbaute sehr baufällig geworden war.

Von den drei Kirchenglocken mit 0,85, — 0,67 und 0,54 m Durchmesser hat die grösste und älteste folgende Inschrift:

GOTT GIB FRIED IN DEINEM LANDE GLÜCK VND HEIL ZV ALLEM STANDE. IOH. HEINR. RAVSCH ZV ERFVRT GOS MICH ZV GR. BRVCT. ANNO 1685.

Die mittlere Glocke wurde 1853 von Gebr. Ulrich zu Apolda und die kleine 1832 von Joh. Friedr. See zu Creutzburg gegossen. — Die beim Guss der letzteren mit verwendete vorige kleine Glocke soll auf der nahgelegenen Wüstung Germersdorf ausgegraben worden sein.

Wüstungen. Etwa 3 km südöstlich von Kleinbrüchter befindet sich die Wüstung Germersdorf, welche von einem Dörfchen dieses Namens herrührt, welches bereits 1533 als desolat bezeichnet wird. Auf einer Stelle seines ehemaligen Standortes, der Germersdörfer Kirchhof genannt, soll, wie oben schon berichtet, die vorige kleine Glocke zu Kleinbrüchter ausgegraben worden sein. An derselben Stelle grub man 1827 beim Bau einer Rabenhütte viele menschliche Gebeine und einen Schlüssel aus, den man für den Kirchenschlüssel jenes Orts hält; derselbe wird im Naturaliencabinet zu Sondershausen aufbewahrt. An der Stätte der Wüstung findet man noch einen Brunnen, Germersdörfer Brunnen genannt, welcher gemeinschaftliches Eigenthum der Gemeinden Kl. Br. und Toba und für dieselben in wasserarmen Jahren eine grosse Wohlthat ist. Nach dem einen, beiden Orten mogen sich die Bewohner des untergegangenen Dorfes geflüchtet haben, und noch bezeichnet man den Anger gen. Theil jener Dörfer als die Ansiedelung der vormaligen Bewohner von Germersdorf.

Ueber die Wüstung Mittelbrüchterde vergl. Grossbrüchter.

Nach Kleinbrüchter eingepfarrt ist die fürstliche Domaine Peukendorf, welche 1,8 km. südlich davon gelegen ist.

Urkundliche Namensformen: 1178 Boikendorf, 1226 Hoykendorp, 1306 Hoykendorf, 1532 Peuckendorff, später Beukendorf und Peukendorf.

Peukendorf war bis 1306 ein dem Kloster Reinhardtsbrunn zugehöriges Gut und wurde in dem erwähnten Jahre dem Convent des Klosters Schlotheim verkauft. Nach Aufhebung des letzteren kam es in den Besitz der Grafen von Schwarzburg.

. Wüstung. Etwa 0,5 km nordöstlich von Peukendorf und in dessen Flurbezirk gelegen ist die Wüstung von dem Dörfchen Königsleben, von welchem sich aber nur der Name desselben erhalten hat. — Von einem Sumpfe in der Nähe der Wüstung, der aber inzwischen trocken gelegt worden ist, erzählt man, dass eine Sau aus demselben eine Glocke ausgewühlt und er davon den Namen Sauloch erhalten habe.

Niederbösa,

Pfarrkirchdorf mit 260 Einw., Engilin, 17,8 km südöstlich von Sondershausen und der östlichste Ort der Unterherrschaft, liegt in einer Tiefebene.

Urkundliche Namensformen: im 8. Jahrhundert Bysabo, im 9. Jahrhundert Bösabu, 1198 Bysa, später Besa, Bese, Besen — diese Namen können sich aber auch theilweise auf das benachbarte preussische Dorf Oberbösa beziehen — 1374 Nedern Besa, 1496 Niedernbesa.

Die Kirche St. Georgii, sedes Kannawurf, wurde 1698 neu erbaut. In baulicher Beziehung dürfte der Treppenaufgang an der Südseite der Kirche nicht ohne Interesse sein, indem dessen steinerne Ballustrade die Hand eines ziemlich kunstfertigen Steinmetzen verräth; besonders sind die als Säulen dienenden Steine, obwohl hartes und grobkörniges Material, so geschickt bearbeitet, dass sie wie gewunden erscheinen.

Von den drei Kirchenglocken mit 1,2, — 0,86 und 0,72 m Durchmesser wurde die grosse 1774 von Gebr. Ulrich zu Apolda, die mittlere und die kleine 1880 von derselben Firma gegossen.

Bis 1575 war die dortige Kirche Filial von Trebra, erhielt sodann einen eigenen Pfarrer, indem eine dort begüterte adelige Familie, deren Name leider nicht aufbewahrt worden ist, zur Pfarrwohnung ein Gutsgebäude und zur Dotirung der Pfarrei vier Hufen Land legirte.

Vom 12. bis ins 15. Jahrhundert war das Dorf Niederbösa freies Eigenthum adeliger Familien, zuerst der von Besa, von deren Gliedern Johannes de Besa 1310 canonicus ecclesiae Jechaburgensis und Heinrich von Besa 1495 Probst des Klosters St. Georgii zu Frankenhausen waren. Gegen Ende des 14. Jahrhunderts war Niederbösa im Besitz der Herren von Greussen, von denen Hans und Lutze 1413 und 1414 das halbe Dorf Bese, ihr väterliches Erbe, um sechs Mark an den Grafen Günther XXIX. von Schwarzburg verkauften.

In Urkunden des 17. Jahrhunderts wird mehrmals eine Familie von Noë als in Niederbösa begütert aufgeführt; Nachkommen derselben leben weitverzweigt als Landleute noch gegenwärtig dort unter dem Namen Vonnoë.

Niederspier.

Pfarrkirchdorf mit 673 Einw., Altgau, mit einer fürstlichen Domaine. 12,5 km südlich von Sondershausen, liegt auf einer sanften Anhöhe und deren östlichen Abdachung und in der Nähe der Nordhausen-Erfurter Eisenbahn.

Urkundliche Namensformen: 840 meridiana Spera. 1075 Spira. Spiraha. ein wenig später Spera. 1259 Nederenspira, 1311 Nederuspira. 1329 Spyra, 1370 Nedirn Spyra, 1388 Nedyrn Spyra, 1417 Nedderspira.

Die Kirche St. Petri und Pauli, sedes Jechaburg, ist alt und wahrscheinlich ums Jahr 1515 erbaut; wenigstens soll vor noch nicht allzu langer Zeit diese Jahreszahl über dem Eingange zum Gottesacker gestanden haben, während neben dem Eingange die steinernen Statuen der gen. beiden Schutzheiligen der Kirche aufgestellt waren. Jetzt findet man dort weder Jahreszahl, noch Statuen.

Von den drei Kirchenglocken mit 1,23, — 0,96 und 0,79 m Durchmesser ist die mittlere ziemlich alt, wie aus ihrer Inschrift hervorgeht:

SOLI DEO GLORIA. Anno 1610 GOS MICH HIERONYMVS MOEHRINGK IN ERFVRT IM NAMEN GOTTES. BENEDICAT NOS DEVS etc. PS. 67, 7. 8.

Die grosse Glocke wurde 1853 von E. Chr. Rumpel zu Mühlhausen und die kleine 1852 von Gebr. Ulrich zu Apolda gegossen.

Nach Niederspier eingepfarrt sind die südlich davon gelegene Fasanerie, die östlich unterhalb des Dorfes gelegene Bachmühle und die südöstlich davon unterhalb Bliederstedt gelegene Winkelmühle.

Die fürstliche Domaine, unter deren älteren Gebäuden sich keins durch besondere alterthümliche Bauart auszeichnet, ist allmählich durch Zusammenlegung einiger kleinen Lehnsgüter daselbst entstanden; den letzten Zuwachs erhielt sie durch das Gut eines Herrn von Mortier, welches fürstliche Kammer käuflich erwarb.

Das Dorf Spier kommt urkundlich, wie oben berichtet, bereits im neunten Jahrhundert vor; am bekanntesten aber ist es durch den Kaiser Heinrich IV. geworden, welcher 1075 nach der Schlacht bei Langensalza oder Homburg unweit desselben Hof hielt und dorthin die sächsischen und thüringischen Edeln entbot, um ihre Unterwerfung entgegen- und sie selbst wieder zu Gnaden aufzunehmen; letzteres geschah freilich nicht.

Während nun Lambert von Aschaffenburg den betr. Versammlungsort in die Gegend von Spira — Spiraha — setzt, sagt der ums Jahr 1080 am Hofe des Bischofs Werner von Merseburg lebende Schriftsteller Bruno im fünften Buche seines „Sachsenkrieges" (cap. 54), dass das Heer des Kaisers Heinrich und seiner Gegner sich bei Everha (Hohen- und Thalebra) getroffen. Wahrscheinlich war das Hoflager des Kaisers bei Spira, während die grosse Zahl der Truppen wohl den Raum von Spier bis Hohen- und Thalebra in Anspruch nehmen musste. Die Sachsen und Thüringer namentlich, die von Nordhausen über Sondershausen dorthin zogen, mochten zunächst bei „Everha" Halt gemacht haben. So möchten sich die verschiedenen Angaben rechtfertigen lassen.

Wüstungen. In dem Thalkessel zwischen Niederspier, Westerengel und Utterstedt — vom ersteren 3,5, vom zweiten 3 und vom letzteren 2 km entfernt — ist die Wüstung Marbach. Die Gegend dort wird gewöhnlich Gross- und Klein-Marbach genannt, und die Wüstung rührt auch jedenfalls von zwei nah bei einander gelegenen Orten her. Im Jechaburger Archidiaconatsregister kommen unter den zur sedes Jechaburg gehörigen Orten vor: Merszpich desolat, und dann Martpech desolat. In Urkunden haben jedoch beide Orte noch verschiedene andere Namensformen: das erstere 1128 Merszbich, 1268 Marsbech, — das zweite in beiden angeführten Urkunden Martbeche (decima Slavorum de Martbeche), 1428 Merbeche, 1467 Marthobuch. — Ein noch vor einigen Jahrzehnten mit Steinen eingefasster und von einem grossen Steinhaufen bedeckter Platz heisst das Marbacher Kirchhöfchen, und man vermutbet, dass daselbst Kirche und Thurm gestanden haben, da man neben dem Geröll auch Gebeine ausgrub, und man findet auf jener Wüstung noch immer behauene Steine, obwohl schon eine Menge solcher weggefahren wurden. Jetzt lässt sich nicht mehr bestimmen, ob jene Ueberbleibsel von Merszbich oder Martpech herrühren; wahrscheinlich grenzten beide Orte nah an einander. — Die Fluren der beiden Dörfer sind mit den der oben genannten drei Dörfer vereint worden, wie denn im Flurbuche der Gemeinde Niederspier eine Abgabe unter dem Namen Marbacher Geschoss verzeichnet steht; der Raum aber, auf welchem sich die Wüstungen der beiden untergegangenen Dörfer befinden, ist zwischen Westerengel und Otterstedt getheilt.

An der südöstlichen Grenze der Flur von Niederspier befindet sich ebenfalls eine Wüstung, Namens Winkel, die von einer Ortschaft herrührt, deren urkundliche Namensformen 1294 Winkiln, Winkeln, 1299 Wynkel, 1307 Winckeln, 1467 Winkelde, 1490 Winkelte sind. Gemäuer und andere sichtbare Spuren von Winkel findet man nicht mehr; doch mag wohl die sog. Winkelölmühle an derselben Stelle liegen, an welcher die Mühle lag, von welcher es in einer Urkunde von 1294 heisst: „Comes Fridericus de Bichelingen tradit ecclesiae Jechaburgensi molendinum in Winkeln prope Helbam." Auch erinnern an den Ort ausser der Winkelölmühle und der ihr nahgelegenen Winkelmühle noch verschiedene Flurbezeichnungen, wie Winkelhof, ein kleines Feldgrundstück zwischen den genannten Mühlen, Winkelkirche, eine Stelle nördlich von der Winkelölmühle, an der Grenze der Fluren von Niederspier und Otterstedt, mit welchen die Flur von Winkel vereint worden ist; daher gehört von den beiden nahe bei einander gelegenen Mühlen die Winkelölmühle zu Otterstedt und die Winkelmühle zu Niederspier.

Den Namen Winkel, Winkelte etc. führte aber nicht blos das eben besprochene Dorf, sondern auch eine Grafschaft, deren Hauptsitz wahrscheinlich im Dorfe W. und die bis ins 14. Jahrhundert Eigenthum der Grafen von Kirchberg war; 1307 kam sie durch Kauf an die Grafen von Honstein und noch in demselben Jahrhundert an die Grafen von Schwarzburg.

In dieser Grafschaft befand sich ein Landgericht gleichen Namens, welches 1417 vom Grafen Heinrich von Schwarzburg erweitert und verbessert wurde. Nach der von ihm zu diesem Zwecke erlassenen Verordnung werden die „Schöppben" desselben aus „Schernberg, Obernspira, Ottenstete, Talheim, Rogkestet, Erich, Trebere, Western-Engelde, Besza, Feldengelde, Holzengelde und Runstete" gewählt.

Oberspier und das fürstliche Jagdschloss „zum Possen".

Oberspier, Pfarrkirchdorf mit 747 Einw., Altgau, mit einem Rittergute, 9,5 km südlich von Sondershausen, liegt am südlichen Abhange der Hainleite und an der Sondershausen-Erfurter Chaussee.

Urkundliche Namensformen: 1242 Spira superior, 1322 Obern Spire, 1391 Obirnspira, 1417 Obernspira.

Die Kirche St. Johannis, sedes Jechaburg, wurde 1778 neu erbaut. — In alten Zeiten hatte das Dorf nur eine kleine Capelle, welche an der Südseite desselben lag. Sie war Unserer-Lieben-Frauen geweiht und wird ausser in dem Archidiaconatsregister auch in Jechaburger Urkunden von 1343 und 1467, sowie in den Lehnsbüchern von 1499, 1517 und 1518 erwähnt.

Von den drei Kirchenglocken mit 1,22, — 0,94 und 0,76 m Durchmesser wurde die grosse 1868 von Gebr. Ulrich, die mittlere 1854 von Carl Friedr. Ulrich und die kleine 1774 von Gebr. Ulrich, sämtlich zu Apolda, gegossen.

Das Rittergut ist aus einem vormals gräflich-schwarzburgischen Lehngute und einigen kleineren Gutern gebildet worden. Mit dem erstern waren im Laufe der Zeit belehnt: 1350 die Herren von Sondershausen, 1411 die von Westhausen und die von Wertern, 1489 die von Hopfgarten. — Das Rittergut ist im Besitz der Familie Zahn.

Ueber die Wüstung Reinisch resp. Kinthse, von deren Flur ein Theil zu der von Oberspier gekommen, vergl. Kirchengel.

Nach Oberspier eingepfarrt ist das fürstliche Jagdschloss „zum Possen", 4,5 km nördlich davon und 5 km südlich von Sondershausen, liegt mitten im Walde und wurde 1736 vom Fürsten Günther erbaut. Dasselbe besteht aus Holz und Fachwerk und nimmt mit Nebengebäuden und allen Zugehörungen etwa einen halben Hektar Landes ein. Das Schloss enthält einen Speisesaal, 16 Stuben, 22 Kammern, 2 Küchen, ein Schlachthaus, 3 Keller, 4 Remisen, 2 Scheunen und Stallung für 57 Pferde. — Ein Zimmer des Schlosses zeichnet sich dadurch aus, dass dessen sämtliche Möbel und Geräthschaften bis zum Schreibzeug aus Hirschhorn gefertigt sind.

Unweit des Schlosses und zwar nördlich von demselben erhebt sich ein freistehender Thurm, welchen der Fürst Christian 1766 errichten liess. Derselbe steht auf dem höchsten Punkte der Hainleite, 432 m über der Ostsee. Zu seiner mit Blei belegten und mit einer Gallerie umgebenen Plattform führen 213 Stufen, und man geniesst von ihr aus eine reizende Rundschau nach allen vier Himmelsgegenden — über den ganzen Thüringerwald, das Harzgebirge, über das Kyffhäusergebirge hinaus bis in die Grafschaft Mansfeld und über die Schmücke und Finne.

Otterstedt,

Pfarrkirchdorf mit 267 Einw., 15,9 km südöstlich von Sondershausen, liegt am südlichen und westlichen Abhange einer von der Hainleite ausgehenden Hochebene, die sich nach W. ziemlich steil abdacht.

Urkundliche Namensformen: 874 Ottenstat, 1128 Odersteden mit dem
Zusatz vicus und viculus Sclavorum Slavorum), im 13. Jahrhundert Otenstat, Oden-
stedt und Odenstede, 1417 Ottenstete, 1496 Ottenstedte; im Volksdialekt:
Otterscht.

Die Kirche St. Fabiani und Sebastiani, seit 1575 Mutterkirche von der
zu Bliederstedt, ist sehr alt, aber im Innern durch eine in neuerer Zeit stattgefundene
Renovation sehr freundlich. — Der Besitz dieser Kirche wurde 1247 vom Pabst
Innocenz IV. dem Kloster Ilfeld bestätigt, weshalb sie auch keiner sedes des Archidiaconats Jechaburg angehört.

Die beiden Kirchenglocken von 1,9 und 0,93 m Durchmesser sind neueren
Ursprungs. Die grössere wurde 1861 von Benjamin Sorge zu Erfurt gegossen, an der
kleineren mit der Inschrift: Gott segne Otterstedt ist das Jahr ihres Gusses etc.
unleserlich.

Nach Otterstedt ist die etwa 2 km westlich davon gelegene Winkelölmühle
eingepfarrt, die am Standorte oder in der Nähe des ehemaligen Dorfes Winkel liegt.

Aus dem Vorhandensein alter Waidmühlensteine in Otterstedt ist zu schliessen,
dass die Bewohner des Dorfes einst Waid bauten.

Zu der Flur von Otterstedt gehören Theile der Fluren von den untergegangenen
Dörfern Marbach und Winkel. Vergl. über diese beiden Wüstungen: Niederspier.

Rockensussra,

Pfarrkirchdorf mit 381 Einw., Altgau, 18,3 km südwestlich von Sondershausen, liegt
auf einer sanften Anhöhe und an der Sondershausen-Mühlhäuser Chaussee.

Urkundliche Namensformen: 1311 Rogkensuser, 1319 Rockensüsser, 1372
Rockinsusre, 1403 Rockensuszere, 1417 Rockensussra.

Die Kirche St. Petri, sedes Marksussra, wurde 1720 neu erbaut.

Von den drei Kirchenglocken mit 0,98, — 0,82 und 0,65 m Durchmesser
wurde die grosse 1866 von E. Rumpel in Mühlhausen und die kleine 1841 von Benjamin Sorge zu Erfurt gegossen. Die mittlere dagegen ist alt, wie aus ihrer Inschrift
zu ersehen (s. Fig. 26).

Fig. 26.

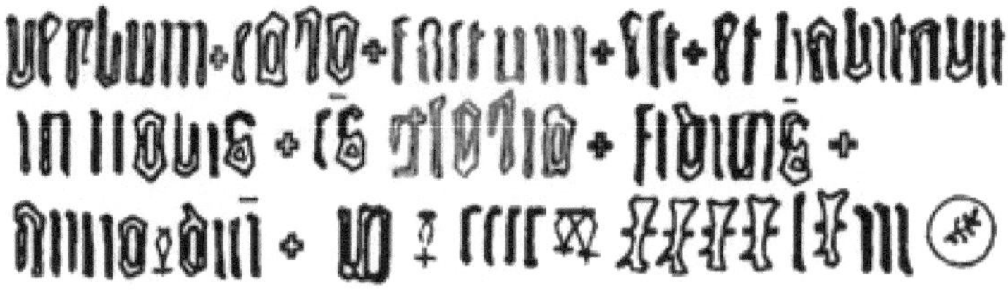

Bis zum Jahre 1319 hatten die Landgrafen von Thüringen das Gericht
über das Dorf Rockensussra, verkauften dasselbe jedoch in dem erwähnten Jahre an
die Grafen von Hohnstein. Im Jahre 1505 verkaufte Graf Heinrich von

Schwarzburg das Dorf Rockensussra um 2100 Gulden an die Ritter von Ebeleben auf Wiederkauf.

In einem Garten am östlichen Ende des Dorfes befindet sich ein überbauter Brunnen, dessen Wasser der Fürst Christian Günther 1781 durch eiserne Röhren nach dem Schlosse zu Ebeleben leiten liess.

Oestlich von Rockensussra stand in früheren Zeiten eine Waidmühle; das Feld in der Nähe ihres einstigen Standortes führt in dem dortigen Flurbuche den Namen: Ueber der Waidmühle. Danach wurde einst dort Waidbau getrieben.

Rockstedt,

Pfarrkirchdorf mit 329 Einw., Winidon, 13,8 km südwestlich von Sondershausen, liegt am südlichen Abhange des Gänseberges und am linken Ufer der Helbe, in welche dort die Klinge mündet, ein kleiner Bach, der mitten durch das Dorf fliesst.

Urkundliche Namensformen: 973 Rockenstedi, 1251 Rocstete, 1287 Rugsteth, 1320 Rogstedt, 1356 Rogstete, von 1417 an Rogkested, Rockstet und Rockenstet; im Volksdialekt: Rockscht.

Die Kirche St. . . . . sedes Marksussra, 1574 Mutterkirche von der zu Gundersleben, wurde mit Ausnahme ihres östlichen Theiles, welcher aus dem unteren Raume des Thurmes besteht, 1788 neu erbaut. Der letztere bildete mit einem kleinen westlichen Anbau früher das ganze Kirchengebäude, und noch hat jener zwei aus der Zeit seiner Erbauung herrührende kleine gothische Fenster. Der westliche Theil der alten Capelle und der obere Theil des Thurmes erfuhren 1684, nachdem sie sehr baufällig geworden waren, eine Reparatur, welcher dann, wie berichtet, 1788 ein Neubau folgte.

Von den drei Kirchenglocken mit 0,97, -- 0,81 und 0,61 m Durchmesser wurden die grosse 1696 von Adam Wilh. Geyer zu Nordhausen und die beiden andern 1754 von Joh. Heinr. Brauhoff ebendaselbst gegossen.

Nach Rockstedt eingepfarrt ist die nördlich davon gelegene Ziegelei.

Rohnstedt,

Pfarrkirchdorf mit 215 Einw., Winidon, 20,1 km südlich von Sondershausen, liegt auf einer Hochebene, das Horn genannt.

Urkundliche Namensformen: 979 Ruchenstat, im 11. Jahrhundert Rohenstad, Romstat, 1417 Runstete, 1467 Runstedte, 1496 Ronstedte, später Rohenstad, Ruhnstedt; im Volksdialekt: Rohnscht.

Die Kirche St. Gotthardi, sedes Greussen, wurde 1693 neu erbaut.

Von den drei Kirchenglocken mit 0,87, — 0,72 und 0,60 m Durchmesser wurden die grosse 1739 von Paul Hiob Hahn zu Gotha und die beiden anderen 1856 von Gebr. Ulrich zu Apolda gegossen.

Vom Jahre 1575 bis 1837 war die dortige Kirche Mutterkirche von der zu Wenigenehrich.

Vom Jahre 1632 bis 1638 war Andreas Toppius, welcher sich durch seine Beschreibung der Städte und Flecken der Grafschaft Schwarzburg und durch einige kleinere Schriften ähnlichen Inhalts ein nicht geringes Verdienst erworben, Pfarrer zu Rohnstedt.

Ueber die an den Grenzen der dortigen Flur gelegenen Wüstungen Neustedt und Grobern vergl. Grossenebrich und Westgreussen.

Schernberg,

Marktflecken mit 1210 Einw., Altgau, mit einer fürstlichen Domaine, 10,5 km südwestlich von Sondershausen, liegt unweit des Bergrückens der Hainleite, welche sich dort sanft abdacht, und in der Nähe der Hohenebra-Ebeleber Secundärbahn, die in dem Flurbezirk des Orts eine demselben ganz nah gelegene Haltestelle und eine etwas weiter entfernte Station hat.

Urkundliche Namensformen: 1205 und 1357 Schernberg, 1217 Schernbergk, 1332 und 1467 Scherrenbergk, 1340 Scherberg, 1347 Schermberg, 1366 Scherenberg.

Nach dem Orte nannte sich ein daselbst begütertes Adelsgeschlecht, von welchem mehrere Glieder in Urkunden vom 13. bis 16. Jahrhundert vorkommen. Dahin gehören die Rittter Gyseler und Heinrich von Schernberg, welche 1357 Land in der Flur von Schernberg an das Kloster Capelle gegen eine Teichstätte etc. desselben zu Gruna vertauschen; 1364 ist ein Heinrich von Schernberg Vicar im Kloster Ilm, 1377 ein Heinrich von Schernberg einer der Sequestratoren des Hauses Greussen u. a. m.

Die Kirche St. Crucis, sedes Marksussra, wurde von 1555 bis 1565 neu erbaut; in derselben werden zwei Vicarien, St. Gangolfi und St. Crucis, gestiftet; vier Häuser des Orts führen noch heute den Namen Vicarien und gehörten somit zu jener Stiftung. Im Jahre 1649 erfuhr die Kirche eine Erweiterung und 1880 mit Beibehaltung der Grundmauern einen Neubau, bei welchem sie zugleich im Innern sehr geschmackvoll hergerichtet wurde.

Erwähnenswerth ist das in der Kirche aufgestellte Grabdenkmal des Raths und Amtmannes Just Bernhard von Windheim aus dem Jahre 1741. Dasselbe, aus einem grossen Steine von feinem Korn bestehend, hat in der Mitte eine auf den Verstorbenen sich beziehende Inschrift, in jeder der vier Ecken die Figur eines Engels, und den oberen Schlusstein bildet das Windheim'sche Wappen, auf dessen Schilde sich drei in einander verschlungene Ringe, darüber ein Helm mit geschlossenem Visier und über diesem zwei Windmühlenflügel befinden. Leider sind die Figuren der Engel und einiges andere etwas beschädigt.

Ueber dem westlichen Eingange zur Kirche befindet sich ein aus Stein gemeisseltes Lamm, von einem Heiligenschein umgeben, über welchem sich das Zeichen eines Kreuzes erhebt. Dasselbe befand sich früher an der Südseite der Kirche und rührt nebst zwei kleinen gothischen Fenstern, die man bei dem letzten

Photogr. Anin. v A- Weinstock, Sondershausen.   Lichtdruck v Römmler & Jonas, Dresden.

Die Abendmahlsweinkanne der Stadtkirche zu Sondershausen

Fig. 27.

[medieval blackletter inscription, three lines]

Fig. 28.

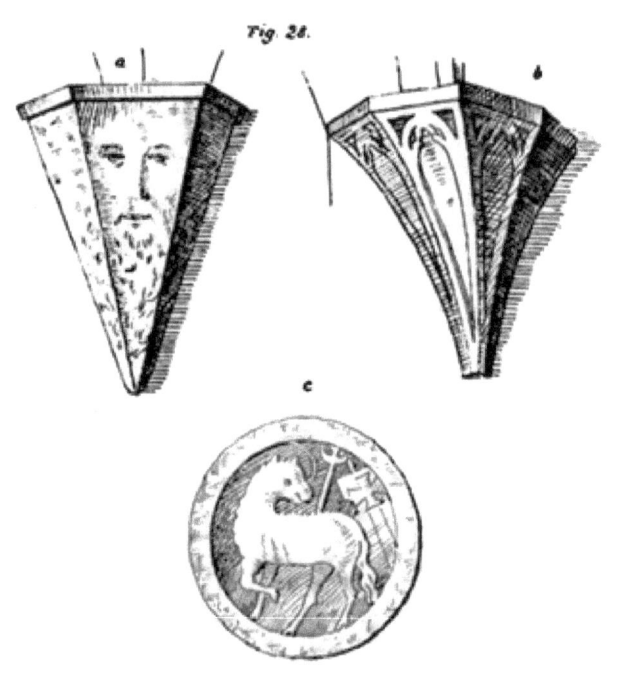

Aufbewahrt wird es in dem Zimmer der Kirchenbibliothek; jede sonstige Kunde über dasselbe fehlt.

Die Kirchenbibliothek, in dem über der Sacristei gelegenen Zimmer befindlich, enthält einige sehr werthvolle Handschriften und alte Drucke. Dahin gehören: ein Gebetbuch mit kostbaren und prachtvollen Initialen und Arabesken aus dem vierzehnten Jahrhundert. M. S. — Die Düringische Chronik des Johannes Rothe — im Verzeichniss der Bibliothek ist sie unter dem Titel: „Chronicon varii argumenti" aufgeführt. — Sie ist nach dem Urtheile der Kenner eine der zwei besten Handschriften, die es von jener Chronik gibt. Lilienkron bezeichnet sie mit den Worten: „Grösstes Folio, sehr starkes Papier, von einer Hand in der zweiten Hälfte des fünfzehnten Jahrhunderts höchst correct geschrieben; die Ueberschriften und Initialen der Capitel roth, 459 Blätter und vorangehend 49 Blätter Inhaltsverzeichniss." — Der Sachsenspiegel von 1475. M. S. — Eine Bibelübersetzung des Hieronymus per J. Fust et Petr. Schöffer. 1462. (Aeltester Druck). — Eine deutsche Bibelübersetzung vor Luther. — Mehrere alte Bibelausgaben. — Das Buch des N. T. teutsch. Mit schönen Figuren. MDXXXIII.

Von den vier Kirchenglocken mit 1,75, — 1,38, — 1,19 und 0,84 m Durchmesser hat die zweitgrösste und älteste folgende Inschrift:

VENITE OMNES QVI LABORATIS ET ONERATI ESTIS EGO REFICIAM VOS ∘ GVNTHERVS ∘ ANTHONIVS HENRICVS ∘ IOHANNES GVNTHERVS ET CHRISTIANVS GVNTHERVS ∘ FRATRES ∘ COMITES IN SCHWARZBVRG ET HOHNSTEIN ∘ DOMINI IN ARNSTADIO-SONDERSHVSA ∘ LEVTENBERGA ∘ LOHRA ET CLETTENBERGA ∘ ANNO CHRISTI 1623.

Die grosse Glocke wurde 1854, die dritte 1730 und die kleine 1770 gegossen, letztere auf Kosten des Hofapothekers Ziegenbein und dessen Ehefrau zu Sondershausen.

In die St. Trinitatiskirche eingepfarrt sind: der Fürstenberg, südlich, die Schleifhütte, westlich, und das Stadtgut Schersen, 5,2 km nördlich von der Stadt.

Die Kirche St. Crucis, am östlichen Ende der Stadt gelegen, wurde, wie aus der an ihrer Nordseite befindlichen Inschrift (s. Fig. 27) hervorgeht, 1392 gegründet; nach einer 1463 erlittenen Beschädigung durch eine Feuersbrunst alsbald wieder restaurirt, erfuhr sie 1621 ein gleiches Schicksal, wurde aber bis 1623 wieder gänzlich hergestellt und diente, da die Trinitatiskirche zu gleicher Zeit abgebrannt war und deren Aufbau erst 1691 vollendet wurde, 70 Jahre der Stadt als Hauptkirche. — Späterhin wurde in derselben Gottesdienst für die Waisenkinder, nachher für die Straf- und Arbeitsgefangenen und zuletzt von Zeit zu Zeit für die Gemeinde gehalten, bis sie wegen Baufälligkeit geschlossen werden musste. Im Jahre 1885 erfuhr sie eine vollständige Reparatur.

Unter dem Thurme dieser Kirche befindet sich halb unter, halb über der Erde eine Krypta, 8,80 m breit, 3,74 m lang und bis zum Schlussstein ihres Kreuzgewölbes 3,80 m hoch. Das Kreuzgewölbe ruht auf vier Kämpfer-Gesimsen; in das südöstliche derselben ist ein männlicher Kopf mit langem Barte (s. Fig. 28ª), in das südwestliche sind drei kleine gothische Fensterrahmen (s. Fig. 28ᵇ) eingemeisselt, während die beiden andern ohne Abzeichen sind. Auf dem Schlussteine des Kreuzgewölbes ist ein Lamm mit einem Heiligenscheine und einer Fahne (s. Fig. 28 c) ausgemeisselt. — Bei der unlängst stattgefundenen Restauration der Kirche ist übrigens die Krypta fast zur Hälfte ausgefüllt worden, um künftig als Sacristei zu dienen.

Von den beiden kleinen Glocken dieser Kirche ist die grössere 1783, die kleinere 1771 von Joh. Wilh. Brauhoff zu Nordhausen gegossen worden; letztere stammt von der vormaligen Hospitalkirche.

Die Schlosscapelle. Wahrscheinlich war schon in der Burg der Freiherren von Sondershausen eine Capelle vorhanden: aber urkundlich wird einer solchen erst gedacht, als die Burg im Besitz der Grafen von Schwarzburg war. Die erste bekannte Urkunde über die betr. Capelle ist die, durch welche der Erzbischof Johann von Mainz (gest. 1371) das Patronat über dieselbe dem Stift Jechaburg überträgt, und nach einer Urkunde von 1482 weiht der Erzbischof Johann von Mainz in derselben einen Altar. — Die jetzige Schlosscapelle, welche sich in dem älteren Theile des nördlichen Schlossflügels befindet, liess der Graf Anton Günther I. 1645 herrichten, nachdem bis dahin der Gottesdienst für die Schlossbewohner in einem Zimmer über der sog. Hofstube gehalten worden war. Der Fürst Günther liess dieselbe 1724 erweitern und der Fürst Christian Günther, reg. von 1758—1794, sie so herstellen, wie sie noch gegenwärtig ist, die grossen schönen Fenster ausgenommen, welche sie dem Fürsten Günther Friedrich Carl II. verdankt.

Von den heiligen Gefässen der Capelle zeichnet sich der silberne und vergoldete Abendmahlskelch von 0,13 m Höhe und 0,105 m oberen Durchmesser aus. Er hat einen runden in sechs Felder getheilten Fuss: auf dem einen Felde befindet sich ein aus Silber getriebenes Crucifix, und durch die Medaillons auf den anderen werden Ereignisse aus dem Leben Jesu dargestellt. Auf den sechs Knaufköpfen ist — in Majuskeln — eingravirt: H. B. D. I. VIZTVM •

Profangebäude.

Das vormals gräfliche, jetz fürstliche Residenzschloss mit vier, in ihrer Ausdehnung sehr ungleichen Flügeln (s. Grundriss Fig. 29 ª) liegt an der Nordwestseite der Stadt auf derselben Anhöhe, auf welcher die Burg der Freiherren von Sondershausen stand. Die letztere, im achten oder neunten Jahrhundert erbaut, lag jedoch mehr in der Mitte des jetzigen Schlossplatzes in der Nähe des Schlossbrunnens — seine Lage ist auf dem Grundrisse des Schlosses zu ersehen, und Fig. 29 ᵇ bringt eine detaillirte Abbildung desselben —; die Canzlei- und Nebengebäude standen südlich davon, und alle Burggebäude waren von einem tiefen Wallgraben umgeben. Die Auffahrt zur Burg fand von W. her auf dem sog. Burgwege statt, wobei man, bevor man in die Burg gelangte, eine Zugbrücke und das Burgthor zu passiren hatte. Letzteres stand nur wenige Schritte vor dem südwestlichen Portale des jetzigen Schlosses und wurde erst 1846 abgebrochen, das letzte Ueberbleibsel der alten Freiherrenburg (s. Fig. 30).

Mit der Erbauung des jetzigen Schlosses machte Graf Günther XL. im Jahre 1538 den Anfang. Zuerst wurde der östliche Flügel errichtet. Zwei Steinplatten über dem an seiner Ostseite befindlichen Eingange enthalten folgende darauf bezügliche Inschriften. Auf der rechts steht:

GVNTER • GRAFFE ZV • SWARCZBVRG HERE • ZV • ARNSTAT VND • SVN-
DERSHAVSSEN • 1 • 5 • 40.

Fig 30

gez Fritz Herung.

Ueber dieser Inschrift befindet sich das schwarzburgische Wappen.

Die Steinplatte links enthält die Inschrift:

ELISABET • GEBORNE • VON • EISENBERG • GREFFIN VND • FRAWE • ZV
SWARCZBVRGK •

Ueber dieser Inschrift befindet sich das ysenburgische Wappen.

Eine Steinplatte über beiden enthielt das Brustbild des Grafen Günther; da aber die Platte und das Bild schadhaft geworden waren, so ist beides 1885 erneuert worden.

Der betr. Flügel besteht aus fünf Etagen und enthält unter andern die sog. bernburgischen Logirzimmer.

Nach Vollendung des östlichen Flügels liess derselbe Graf Günther den nördlichen Flügel in Angriff nehmen, soweit derselbe aus dem rechtwinkelig an jenen sich anschliessenden Thurme und dem mit Schiefer gedeckten Theile besteht. Das Jahr, in welchem dies geschah, findet sich zwar nirgends verzeichnet, doch muss man 1547 in vollem Bau dieses Flügels begriffen gewesen sein; wenigstens steht diese Jahreszahl unter dem vereinigten schwarzburgisch-ysenburgischen Wappen, welches sich am Kreuzgewölbe der in diesem Flügel gelegenen Kellerei befindet. Wahrscheinlich vollendete Graf Günther auch diesen Flügel mit Ausnahme des Thurmes; aber bevor man soweit gekommen war, wurde von dem unvollendeten Bau aus in dem Schlosse ein Verbrechen, ein Grafenraub, verübt. — Am 20. August 1549 oder 1550 entführte nämlich Jobst Hacke, ein berüchtigter Raubritter, aus dem Schlosse zwei junge Grafen, Hugo, den Sohn des Grafen Philipp von Mansfeld, und Albert, den jüngsten Sohn des Grafen Günther XL., welche zusammen am Hofe des Jetzteren erzogen wurden. Jobst Hacke lag, wie berichtet wird, wegen vermeintlicher Ansprüche mit dem genannten Grafen Philipp in Fehde, und da er bisher gegen denselben nichts hatte ausrichten können, so suchte er den Sohn desselben in seine Gewalt zu bringen, um in ihm ein Unterpfand für seine Forderung zu erhalten. Da es ihm somit nur um den Grafen Hugo zu thun war, so gab er den Grafen Albert bald wieder frei, jenen aber hielt er zwei Jahr lang bald hier, bald dort verborgen, bis ihm für Freilassung desselben ein Lösegeld von einigen tausend Gulden gezahlt worden war.

Der mit dem nördlichen Flügel zugleich begonnene Schlossthurm soll erst unter den Enkeln des Grafen Günther XL. im Jahre 1596 vollendet worden sein; wahrscheinlich aber geschah es bereits 1572 unter dessen Sohne, dem Grafen Hans Günther; wenigstens steht dies nach der Inschrift, welche sich an der Stundenglocke dieses Thurmes befindet, zu vermuthen. Diese ist:

DER EDEL- VND WOHLGEBORNE GRAFE • GRAFE HANS GVNTER ZV
SVNDERSHAVSEN • HAT DIESE ZIMMEL GIESSEN LAN • DIE STVNDE •
ZV MELDEN IEDERMAN • ECKHART KVCHGEN • GOS MICH • M. • D •
LXXII •

Diese Stundenglocke ist ziemlich gross, denn ihr Durchmesser beträgt 1,24 m; die Viertelglocke wurde 1709 von Niclas Jonas Sorber zu Erfurt gegossen.

Der betr. nördliche Flügel hat gleich dem Thurme vier Etagen. Unter den Räumen der untern Etage zeichnet sich der in seiner ursprünglichen Anlage grosse und

schöne Banketsaal aus. Derselbe ist 14,5 m lang, 10,90 m breit und bis zum
Schlusstein seines Sterngewölbes 5,25 m hoch; letzteres wird von zwölf Säulen in
drei Reihen, von zwei Vollsäulen und zehn Halbsäulen, getragen. — Dieser Saal ist
durch Einziehung von zwei Wänden in drei Räume verwandelt worden, in welchen
sich gegenwärtig das fürstliche Landesarchiv befindet.

Den grössten Theil der zweiten und dritten Etage nimmt die Schlosscapelle ein,
und im östlichen Theile der letzteren befindet sich das fürstliche Kunst- und Na-
turalien-Cabinet.

Unter den Merkwürdigkeiten des letzteren verdient besonders die Bildsäule des
Püstrich (s. Fig. 31 a) hervorgehoben zu werden.

Ueber die wunderliche Figur, welche die nebenstehende Abbildung darstellt,
sind seit ihrer Auffindung im Jahr 1576 bis in unser Jahrhundert von Gelehrten und
Ungelehrten die verschiedenartigsten Vermuthungen ausgesprochen worden. Einige
hielten dieselbe für das Bild einer heidnischen Gottheit oder für eine solche Gottheit
selbst, andere für ein Schreckbild, dessen sich die christliche Geistlichkeit bedient hätte,
um das abergläubische Volk durch dasselbe zu Opfergaben zu veranlassen, wieder
andere für ein physikalisches Werkzeug, bis man endlich in demselben einen von
den vier ehernen Ständern vermuthete, auf welchen ein gleichfalls ehernes Taufbecken
ruhte. Letzterer Ansicht ist besonders M. F. Rabe, Prof. und Mitglied der königl.
Academie der Künste etc., und spricht sie in seinem Werkchen aus: „Der Püstrich in
Sondershausen, kein Götzenbild." Berlin, 1852. Der Verfasser macht seine in dieser
interessanten und lehrreichen Schrift ausgesprochene Ansicht besonders noch dadurch
so einleuchtend, dass er auf ähnliche Gegenstände, wie der Püstrich, hinweist und
deren ursprüngliche Bestimmung zu gleichen oder ähnlichen Zwecken so anschaulich
macht, dass man derselben beistimmen muss. — Wie Prof. Rabe sich einen solchen
Tauftisch gedacht hat, veranschaulicht Fig 31 b.

Geschichtlich möge über den Püstrich aus Rabe's Schrift noch beigefügt
werden: Der Püstrich war ursprünglich wahrscheinlich einer der vier Ständer des
Taufgefässes oder Taufbeckens, welches sich vermuthlich zuerst in der kaiserlichen
Capelle zu Tilleda befand, kam von da in die Capelle der Burg Rothenburg
und aus dieser nach dem Aussterben der Herren von Tütgerode, der Besitzer der
Rothenburg, an deren Lehnsherrn, den Grafen Hans Günther von Schwarzburg
nach Sondershausen.

Die Figur ist 0,57 m hoch, wiegt 37 kg, und das Material besteht aus 916 Theilen
Kupfer, 75 Theilen Zinn und 9 Theilen Blei nach M. H. Klaproth's „Notizen über
die auf dem Schlosse zu Sondershausen aufbewahrte Bildsäule des Püsterich nebst
deren chemische Untersuchung" im Journal für Chemie und Physik Bd. L.

Die Figur dürfte in der Grafschaft Mansfeld gegossen worden sein.

Die vierte Etage des betr. nördlichen Flügels enthält Wohnzimmer und Zu-
behör für Glieder der fürstlichen Familie und deren Dienerschaft.

Unter diesem Flügel, besonders dem östlichen Theile desselben, befinden sich
sehr umfangreiche Keller, die einerseits so tief — an der Sohle des ehemaligen Burggrabens — ihren Anfang nehmen, dass Keller über Keller liegen und andererseits sich
nach S. hin bis unter den südlichen Schlossflügel erstrecken.

Der südliche Flügel, welcher sich unmittelbar an den östlichen Flügel anschliesst, wurde zu Ende des siebzehnten oder zu Anfang des achtzehnten Jahrhunderts

Fig. 31 a

Fig. 31 b

Photogr. Aufn. v. A. Krönlein, Sondershausen.

Lichtdruck v. Römmler & Jonas, Dresden.

Der Rittersaal im fürstlichen Residenzschlosse zu Sondershausen

Fig 32.

gez. Phx Hörng

lith L. Falm

gez. Fable Heiring

lith. v. Kuhn

unter dem Fürsten Christian Wilhelm erbaut und besteht aus sechs Etagen. Unter den Räumen desselben zeichnet sich vornämlich der sog. Rittersaal, auch Riesensaal gen., aus (s. Beilage XIV), welcher sich durch die ganze dritte Etage erstreckt und 26,6 m lang, 13,2 m breit und 4,8 m hoch ist.

Jedenfalls noch vor der Erbauung des südlichen Flügels waren an dem vom Schlosse bis zum Marktplatze reichenden östlichen Abhange des Schlossberges eine ganze Reihe von Gebäuden der verschiedensten Art errichtet worden, nachdem man zu diesem Zwecke dort eine hohe Terrasse aufgeführt hatte. Diese Gebäude bestanden in Wohnungen für das herrschaftliche Dienstpersonal, in Waschhaus, Remisen und Stallungen mit kleinen freien Plätzen und Gärtchen, ferner in zwei Thürmen mit zierlichen Kuppeln, und nördlich von diesen befand sich eine Frohnveste mit Hof und Garten. Von dem unteren der beiden Thürme führte eine bedeckte Gallerie in die Mansarde des Prinzenhauses, nachmals Palais genannt, welche jedoch aus späterer Zeit stammte, indem das Prinzenhaus erst von 1724 bis 1726 erbaut wurde.

Am südlichen Fusse des Schlossberges lag die Hauptwache. Zwischen dieser und einer Reihe Pallisaden nahm der ziemlich steile Fahrweg zum hochgelegenen Schlosse seinen Anfang, auf welchem zwei Thore zu passiren waren, auf und neben denen sich ansehnliche Wohnungsräume befanden. Nördlich neben der Hauptwache lag die sog. Scherre oder Verkaufshalle der Fleischer, die aber zu den neueren Anbauten gehörte, und noch weiter gegen Norden standen am Abhange des Berges neben dem Wege zur Lohmühle zwei Privathäuser. Der ganze in solcher Weise bebaute Abhang des Schlossberges (s. Fig. 32) bildete einen nicht uninteressanten Vordergrund des Schlosses.

Gleichwohl entsprachen mit der Zeit jene Gebäulichkeiten, die überdies theilweise dem Verfall entgegen gingen, ihrem Zwecke nicht mehr, und besonders war die vom Markte zum Schlosse führende Auffahrt so steil, dass sich eine Aenderung derselben nöthig machte. Deshalb wurden unter der Regierung des Fürsten Günther Friedrich Carl II. gegen Ende des Jahres 1835 alle an dem betr. Abhange gelegenen Gebäude abgebrochen, der Berg selbst zum Theil abgetragen, mit einer halbkreisrunden 10 bis 11 m hohen Mauer aus Quadern eingefasst und oben mit einer aus künstlich durchbrochenen Steinen bestehenden Balustrade versehen. Auf dem zwischen dieser und dem Schlosse befindlichen Raume wurden Gartenanlagen hergestellt. An der Stelle der früheren Auffahrt zum Schlosse wurde neben der erwähnten Mauer eine unten 7,5 m und oben 5,5 m breite aus 70 Stufen in sechs Absätzen bestehende Treppe angelegt und am östlichen Fusse der Mauer eine neue mit der Vorderfront dem Marktplatze zugewandte Hauptwache mit einem Säulenvorsprunge erbaut. Nördlich von derselben wurde an der Nordost- und Nordseite des Schlosses ein neuer zu demselben aufführender Fahrweg angelegt.

Durch diese Veränderungen ist der Vordergrund des Schlosses nach O. hin zwar sehr vereinfacht worden, hat aber dadurch nichtsdestoweniger gewonnen, so dass das Schloss vom Marktplatze aus einen imposanten Eindruck macht (s. Fig. 33).

Der neue mit Ziegeln gedeckte Theil des nördlichen Flügels bis zum nordwestlichen Portale, sowie der sich daran anschliessende südwestliche Flügel des Schlosses wurden unter der Regierung des Fürsten Christian Günther (reg. von 1758—1794) erbaut, der letztere an der Stelle, wo sich bis dahin noch ein Theil des alten tiefen Burggrabens befunden hatte.

Ueber den erwähnten Theil des nördlichen Flügels ist in baulicher Beziehung nichts Bemerkenswerthes anzuführen; doch hat die in demselben befindliche Hofküche ein nicht uninteressantes Geräth alter Zeit aufzuweisen. nämlich einen Wein-kübler (s. Fig. 34).

Fig. 34.

Derselbe besteht aus Glockenbronze, ist 0,72 m hoch, hat 0,84 m obern Durch-messer und folgende Inschrift:

G. V. H. G. G. Z. S.   (Günther und Hans Günther, Grafen zu Schwarzburg) 1555.

Der südwestliche Flügel, dessen ganze untere Etage ursprünglich Marstall war und auch lange Zeit als solcher diente, erfuhr unter der Regierung des Fürsten Günther Friedrich Carl II. einen bedeutenden Umbau und viele Verschönerungen. Die untere Etage, der bisherige Marstall, wurde in stattliche Zimmer verwandelt mit einem schönen Vestibule, welches die Mitte der Etage einnimmt, und dient den fürst-lichen Herrschaften gewöhnlich als Sitz ihrer Hofhaltung, und in der zweiten Etage zeichnet sich besonders der sog. weisse Saal von 15,5 m Länge, 13,2 m Breite und 8,7 m Höhe aus.

Von den Antiken und anderen Merkwürdigkeiten, die sich in zwei Zimmern der unteren Etage befinden, verdienen mehrere namentlich aufgeführt zu werden.

In dem sog. Waffenzimmer, nördlich vom Vestibule, zu den Appartements des Fürsten-Vater gehörig: das Portrait des Kaisers Günther in Waffenrüstung: die angebliche Rüstung desselben mit goldbronzirten und stählernen Verzierungen. zwei Knappenrüstungen und grössere und kleinere Waffen der verschiedensten Art und aus den verschiedensten Zeitaltern. Als eine besondere historische Merkwürdigkeit wird ebendaselbst der Koller des Thomas Münzer aus gelblich-weisser fingerdicker Elennhaut und dessen stählerner Brustharnisch und Stahlhelm aufbewahrt.

In einem von dem Vestibule südlich gelegenen, zu den Appartements des re-gierenden Fürsten gehörigen Zimmer dürften unter den darin befindlichen interessanten Gegenständen besonders drei hervorzuheben sein. deren Besitz ein Praerogativ des regierenden Fürsten ist, nämlich zwei ganz gleiche sogen. Lehnsbecher (s. Beilage XV) und ein massiv-goldener Becher (s. Beilage XVI).

Die beiden Lehnsbecher, silbern und vergoldet, sind in Form, Grösse und Orna-menten ganz gleich. und dies gilt auch von den Deckeln, mit welchen sie versehen sind. Der runde Fuss eines jeden hat 0,58 m und der Kelch am oberen Rande 0,50 m Umfang. Die Höhe vom Fusse bis zum Rande beträgt 0,26 m und der obere Durchmesser 0,17 m. Der Deckel, 0,14 m hoch, trägt als Spitze eine Ritterfigur,

Photogr. Aufn. v. A. Weinstock, Sondershausen.   Lichtdruck v. Römmler & Jonas, Dresden.

Ein Lehnsbecher des regierenden Fürsten

Photogr. Aufn. v. A. Weinstock, Sondershausen.   Lichtdruck v. Römmler & Jonas, Dresden.

Ein massiv-goldener Becher des regierenden Fürsten
aus schwarzburgischem Golde

welche mit der linken Hand ein Wappenschild hält, von dessen vier Feldern zwei je eine Schachbrettzeichnung enthalten, die beiden anderen leer sind; ein Balken durchschneidet die vier Felder von rechts oben nach links unten. — In die Haupttheile des Bechers sind römische Silbermünzen eingelassen, 9 in den Fuss, 28 in zwei Reihen in den Kelch und 8 in den Deckel, und zwischen diesen Münzen, sowie an allen Theilen des Bechers findet man die feinsten in Silber getriebenen und vergoldeten Ornamente, welche von einer Meisterhand in der Modellirkunst zeugen; namentlich gilt dies von der auf dem Deckel stehenden Ritterfigur.

Auf der inneren Seite des Deckels ist ein Medaillon mit dem Brustbilde dessen, der dieselben anfertigen liess, nämlich des Bischofs Wilhelm von Strassburg,[*] wie aus der Umschrift hervorgeht. Diese ist:

WILHELMVS · DEI · GRA · EPVS · ARGEN · ALSACIEQᵛ · LANTGRAVIVS . Aᵒ .
ETATIS · SVE · LI ·

Unter dem Fusse des Bechers befindet sich in einem Medaillon dasselbe Wappen, wie auf dem oben beschriebenen Schilde des Ritters, mit der Umschrift:

INSIGNIA · EIVSDEM · ANNO · DO · MINI · M · D · XXVI ·

Der oben angeführte massiv-goldene Becher ist zehnseitig, vom Fusse bis zur Spitze des Deckels, welche einen Fürstenhut darstellt, 0,30 m, ohne Deckel 0,21 m hoch und von 0,12 m oberen Durchmesser. Was diesen Becher aber, abgesehen von seinem materiellen Werthe und seiner geschmackvollen Form, besonders interessant und werthvoll macht, ist der Umstand, dass er aus schwarzburgischem Golde, d. i. aus Golde, im schwarzburgischen Thale Kolitsch (Goldisthal) gewonnen, hergestellt worden ist, wie auch die Inschrift an der innern Seite des Deckels bezeugt:

SERENISSIMUS. PRINCEPS. AC DOMINUS. DN. CHRISTIAN. GUILIELMUS. PRINCEPS. SCHWARZBURGI. E. IV. COM. IMP. ET. COM. HOHNST. DYN. A. S. L. L. ET CL. POCULUM. HOCCE. EX. AURO. TERRAE. PATRIAE. QUOD. VALLIS KOLITSCHIA. PROTULIT. IN. REI. MEMORIAM. USUMQUE. POSTERORUM REGENTIUM. PERENNEM. CONFLARI. FECIT. MDCCXIX.

Auf dem innern Boden des Bechers steht:

INTEGER ET CONSTANS ET NULLA LABE NOTATUS, AURUM CEU NOSTRUM, QUI BIBIT INDE, SIET!

Das achteckige Haus (s. Fig. 35), westlich vom Schlosse und noch höher, als dieses, gelegen, war seiner ursprünglichen Bestimmung nach ein Tournierhaus und wurde 1709 vom Fürsten Christian Wilhelm erbaut. Es enthielt auf einer Scheibe, welche durch eine unter ihr befindliche Maschine in Bewegung gesetzt wurde, ein Caroussel mit Pferden, auf welchen man sich belustigen und allerlei Uebungen vornehmen konnte; für die Zuschauer befanden sich ringsum zwei Gallerien über ein-

---

[*] Wilhelm I., Graf von Honstein, Herr zu Lohra und Clettenberg, Sohn des Grafen Ernst IV., hatte sich dem geistlichen Stande gewidmet, wurde 1486 zuerst Domprobst zum heiligen Creuz zu Nordhausen, nachher Canonicus zu Mainz und Strassburg, 1488 Rector der Academie zu Erfurt und endlich 1500 von dem Erzbischof zu Magdeburg, Herzog Ernst zu Sachsen, in Gegenwart des Kaisers Maximilian I. zum Bischof von Strassburg installirt, residirte aber zu Zabern. Er starb 1541.

ander. Letztere sind allein noch von der ganzen inneren Einrichtung übrig, während das Gebäude selbst jetzt als Heu- und Strohmagazin für den fürstlichen Marstall dient.

Bei der hohen Lage dieses Hauses, durch welches es alle Gebäude der Stadt überragt, hat man von der offenen fünfzig Schritte im Umfang haltenden Gallerie, zu welcher eine Treppe von 100 Stufen führt, eine wahrhaft entzückende Aussicht auf die Stadt und die reizende Umgegend.

Die fürstliche Domaine. Das ansehnliche Wohnhaus und die umfangreichen Nebengebäude derselben liegen am linken Ufer der Wipper und stammen grösstentheils aus dem vorigen Jahrhundert. Erst 1774 und 1775 unter der Regierung des Fürsten Christian Günther wurde mit der Erbauung derselben an der Stelle, wo sich früher der sog. welsche Garten befand, der Anfang gemacht und zum Wohnhause das Holzwerk des Gebäudes verwendet, in welchem von 1739 bis 1769 zu Abtsbessingen Porcellanfabrikation betrieben worden war.

Das Stadtgut Schersen, 5,2 km nördlich von Sondershausen, liegt in dem sog. Schersenthale und unweit der Sondershausen-Kelbraer Chaussee. Dieses Gut ist aus den Zugehörungen des Dörfchens Schersen gebildet worden, welches 1381 in den Besitz der Stadt Sondershausen gekommen war. Vergl. Wüstung Schersen.

Die Stadt Sondershausen soll eine der ersten Niederlassungen sein, welche die Sachsen im sechsten Jahrhundert in dem Landstriche gründeten, den sie für den Beistand erhalten, welchen sie den Franken gegen den König Hermannfried von Thüringen 524 (530) geleistet hatten. Vergl. Einleitung.

Der Name Sondershausen, welchen die Sachsen dem betr. neu gegründeten Orte gaben, deutet an, dass sie denselben als eine Stätte der Sonderung oder Grenze angesehen wissen wollten, sei es zwischen dem sächsischen und fränkischen Thüringen (Nord- und Südthüringen) überhaupt, sei es insbesondere als Grenze gegen das kleine Gebiet, das sich die Franken der Salzquellen wegen vorbehalten.

An der Stelle eines Voigts, welchen die Sachsen ohne Zweifel gleich anfangs in Sondershausen für diesen Ort und den angrenzenden Landstrich eingesetzt haben mochten, finden wir dort später ein Dynastengeschlecht, welches über das betr. Gebiet — die Herrschaft Sondershausen — frei gebot und sich nach dieser Herrschaft nannte. Es sind dies die Freiherren von Sondershausen, urkundlich: von Sundershusun, Sundreshusen, Sundirshusen, welche auch die mehrfach erwähnte Burg gründeten.

Von ihnen wurde jedenfalls Sondershausen auch zur Stadt erhoben und befestigt. Die Befestigungswerke, Mauern und Thürme — Wallgräben scheinen nicht angelegt worden zu sein —, welche theilweise, wenn auch nicht in ihrer ursprünglichen Höhe, noch erhalten sind, umgaben wahrscheinlich die ganze damals vorhandene Stadt, welche sich darnach als sehr klein herausstellt. Am südlichen Fusse des Burgberges, in der jetzigen Poststrasse und dem Brauhause gegenüber beginnend, zog sich die Mauer zuerst westlich, dann südlich hinter den Gehöften der Langengasse hinab bis zu deren Ende, ging dann rechtwinkelig östlich hinter den Gehöften der Schössergasse hinweg und erstreckte sich nördlich bis zu der jetzigen Parkmauer. Ob sie sich in der Richtung der letzteren bis zum östlichen oder nördlichen Fusse des Burgberges fortsetzte und so die ganze betr. Stadt umschloss, ist nicht mehr ersichtlich.

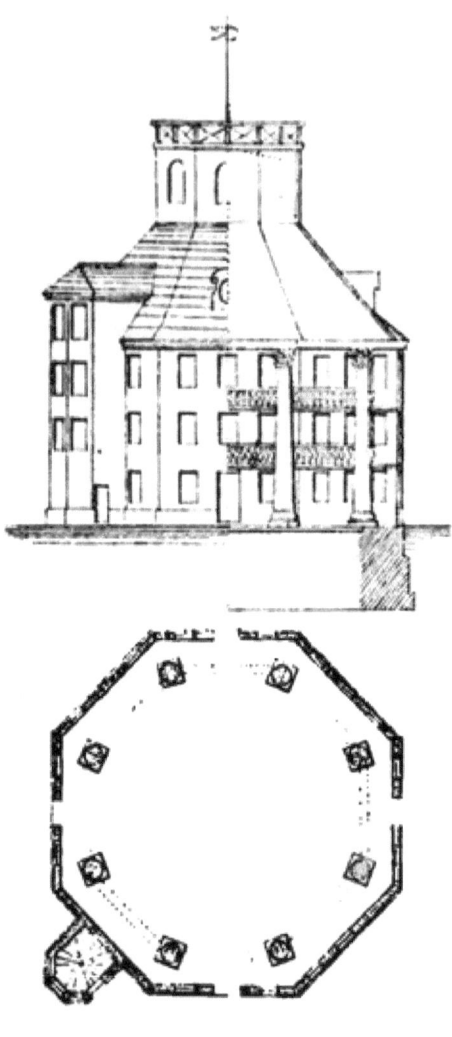

Fig. 33

Den Aus- und Eingang der so von einer Mauer umschlossenen Stadt vermittelten zwei Thore, an der Westseite das sog. Brauhausthor und an der Ostseite das sog. Badestubenthor — letzteres hatte seinen Namen von der neben ihm gelegenen Badestube, der kleinen Gasse, die hinter die Mauer führt, schief gegenüber.

Die Höhe der Mauer betrug, wie sich dies nach einem Bruchstück derselben an einem noch etwa 9 m hohen Thurme berechnen lässt, 6 m; aber die Höhe der Thürme lässt sich nicht mehr bestimmen, da keiner mehr vollständig erhalten ist. Einer derselben, der sog. Ketzerthurm, von welchem noch ein kleiner Theil vorhanden ist — er steht an der Nordostecke des sog. Durchbruchs, durch welchen zwischen der Sackgasse resp. Leopoldstrasse und der Langengasse eine Verbindung hergestellt wurde —, und welcher 1804 bis auf jenen stehen gebliebenen Theil abgebrochen wurde, war 5 Stockwerk hoch. — Die halbrund aus der Mauer vortretenden Thürme waren in sehr ungleichen, 30 bis 80 Schritt betragenden Zwischenräumen errichtet; die meisten befanden sich an der Südseite der Stadt, wo man ihrer noch acht zählt, die meisten, gleich der Mauer, ziemlich weit abgetragen.

Zur Stadt erhoben soll Sondershausen als Wappen zwei Schafscheeren, das Wappen der Freiherren von Sondershausen, in seinen Siegelstempel aufgenommen haben. Nachdem sie 1260 in den Besitz der Grafen von Honstein gekommen, nahm sie das rothe Hirschgeweih, welches jene in ihrem Wappen führten, in ihr Siegel auf, und sie hat dasselbe beibehalten, als sie, wie die ganze Herrschaft, 1356 in den Besitz der Grafen von Schwarzburg kam; doch nahm sie als Hoheitszeichen noch den schwarzburgischen Löwen in dasselbe auf, und ihr Siegelstempel besteht seitdem aus einem rothen Hirschgeweih im blauen Felde mit einem goldenen gekrönten Löwen zwischen jenem.

Sondershausen ist von 1356 an im Besitz der Grafen von Schwarzburg geblieben; im Jahre 1552 wurde sie die Residenz der Linie Schwarzburg-Sondershausen, war zwar zu Zeiten nur der Hauptort eines besonderen Landestheiles dieser Linie, wurde aber nach Einführung der Primogenitur 1713 und nach dem kinderlosen Absterben des Fürsten Anton Günther II. von Schwarzburg-Arnstadt, 1716, die Haupt- und Residenzstadt des gesamten schwarzburg-sondershäusischen, aus einem unterherrschaftlichen und einem oberherrschaftlichen Theile bestehenden Fürstenthums. Vergl. Einleitung.

Ueber die Beschäftigung, Gewerbthätigkeit etc. der Bewohner von Sondershausen vergl. Einleitung.

Wüstungen. Ehemals lag ganz in der Nähe des der Stadt Sondershausen gehörigen Gutes Scherßen ein Dörfchen gleichen Namens, urkundlich: Scersa, Scerse, Serse und Seberse, nach welchem sich auch ein Adelsgeschlecht nannte. Urkundlich kommen von demselben vor: 1251 Walterus de Scerse, 1261 Cunemundus et Albertus de Serse, 1268 Albertus et Henricus de Scerse, fratres, 1304 Albertus de Scherse. — Mit dem Dörfchen waren von den Grafen von Beichlingen die Herren von Merode auf Questenberg belehnt worden. Im Jahre 1381 überliessen letztere mit Consens der Lehensherren das Dörfchen mit allen Zugehörungen, unter welchen auch eines Kirchleins gedacht wird, der Stadt Sondershausen gegen einen jährlichen Erbzins von zwei Fastenhühnern.

Jenes Dörfchen besteht längst nicht mehr, und es hat sich auch keine Kunde erhalten, wann und wodurch es untergegangen ist; nur eine aus Steingerölle, Kalkstücken etc. bestehende Erhöhung, die sich auf einem etwa 0,1 km westlich vom Garten des gen. Gutes und ebensoweit östlich vom sog. Schlossthale entfernten Gutsplane befand, liess den ehemaligen Standort des Dörfchens vermuthen. — Da stiess man 1846 unter jenem Steingeröll, als man es aufgrub, in der Hoffnung, daselbst eben damals benöthigtes Baumaterial zu finden, auf die Grundmauern eines Gebäudes, welche, nachdem sie bloss gelegt worden waren, sich als die des betr. Kirchleins erwiesen. Die Länge desselben betrug 20 m, die Breite 10 m und die Tiefe der Altarnische 2 m, so dass sie also fast gleiche Dimensionen mit der Capelle auf dem Schlossberge über der Numburg hatte. Vergl. den Grundriss der letztern unter Badra resp. Numburg Fig. 3.

Etwa 2 km südlich von Sondershausen ist die Wüstung der Burg Spatenburg, urkundlich Spatenberg, Spatinberg, Spadenberch, Spartenburg und Spatenburg, jetzt gewöhnlich Ohlenburg genannt. Die Burg lag auf einer hohen und steilen Bergkuppe von sehr beschränktem Umfange, war darum klein, aber schon nach ihrer Lage nicht leicht einnehmbar. Da zu Nebengebäuden auf jener Kuppe kein Raum war, so wurden dieselben wahrscheinlich in dem südlich davon gelegenen Thale errichtet und Vorwerk benannt. Wenigstens führt der Distrikt in der Jechaer Flur, welcher sich bis in jenes Thal erstreckt, den Namen das alte Vorwerk. Vergl. Jecha.

Die Spatenburg wurde 1073 vom Kaiser Heinrich IV. als eine Zwingburg gegen die Thüringer und Sachsen erbaut, von diesen aber bereits 1074 erobert und zerstört; 1075 vom Kaiser wieder hergestellt, wurde sie bald nachher abermals zerstört. Nach ihrer dritten Wiederherstellung wurde sie an Burgmänner verliehen, die sich nach derselben nannten. So kommen urkundlich 1224 Siffridus de Spatenberg und 1225 Ritter Ludiger de Spatinberg vor. Letzterer macht mit dem Kloster Capella einen Vergleich wegen einer Waldung und einigen Fischteichen. — Noch in demselben Jahrhundert finden wir die Spatenburg im Besitz der Grafen von Anhalt; denn als der Landgraf Albrecht von Thüringen 1263 den Grafen Heinrich II. von Honstein mit der betr. Burg belehnen wollte, erhob die Gräfin Mechtilde von Aschania dagegen Widerspruch: es kam jedoch 1265 zwischen beiden Theilen zu einem Vergleiche, nach welchem die Gräfin Mechtilde dem Grafen Heinrich die Spatenburg und ihr Vorwerk zu Stockhausen um 50 Mark überliess. — Im Kriege zwischen dem Kaiser Adolph von Nassau und den Söhnen des Landgrafen Albrecht soll die Spatenburg zerstört und nicht wieder aufgebaut worden sein, vielmehr ist sie seitdem so verfallen, dass die noch vorhandenen Mauertrümmer kaum auf ein ehemaliges Bauwerk daselbst schliessen lassen.

Nördlich von Sondershausen liegt im sog. Brückenthale ein Feld, Zitterode gen. Nach der Sage soll dort ein Dörfchen gleichen Namens gelegen haben; man findet aber dort nicht die geringste Spur von Mauerwerk und dergl.

Stockhausen,

Kirchdorf mit 889 Einw., Wippergau, mit einem fürstlichen Vorwerke, 2 km nordwestlich von Sondershausen, liegt am nordöstlichen Fusse des Frauenberges, am rechten Ufer der Wipper, an der Nordhausen-Erfurter Eisenbahn und an der Sondershausen-Nordhäuser Chaussee.

Photogr. Aufn. v. A. Weinstock, Sondershausen.   Lichtdruck v. Römmler & Jonas, Dresden.

Der Abendmahlskelch der Kirche zu Stockhausen

Urkundliche Namensformen: 1217 Stocghusen, 1266 Stogkhusen, 1349 Stockhusen, 1391 Stoghusen, 1471 Stoghusin, im Volksdialekt: Stoxen (Stochsen).

Nach dem Orte nannte sich eine adelige Familie, welche daselbst, wie an mehreren anderen Orten der Unterherrschaft begütert war.

Die Kirche St. Matthaei, Filial von Jechaburg, ist alt und wahrscheinlich 1442 oder bald nachher erbaut worden. Sie ist an ihrem Standorte das erste Gotteshaus, da die Kirche oder Capelle, welche der Ort vorher hatte, wie auch der Ort selbst weit westlicher, vor dem sog. Bornthale lag, — die Kirche auf einer Anhöhe, dem sog. Kirchberge „hinter Wiedlings Garten". — Zu der Erbauung eines neuen Gotteshauses gab der Umstand Veranlassung, dass die Bewohner ihren alten Wohnort verlassen und sich weiter nach O. um die daselbst liegenden Vorwerke angebaut hatten. Da aber der Weg von da bis zur alten Capelle weit und zu Zeiten schlecht, die Capelle überdies baufällig war, so erwirkte der damalige Graf Heinrich auf Bitten der Gemeinde 1442 bei dem Erzbischof Dietrich von Mainz die Erlaubniss, eine neue Kirche in dem neu erstandenen Orte zu erbauen, welche auch unter der Bedingung ertheilt wurde, dass die alte Capelle in baulichem Zustande erhalten und an den sieben Hauptfesten in derselben Messe gelesen würde.

Die alte Capelle wurde 1217 ganz mit der Kirche zu Jechaburg vereinigt, weshalb man jene auch nicht besonders als zur sedes Jechaburg gehörig aufgeführt findet.

An heiligen Gefässen besitzt die Kirche einen silbernen und vergoldeten Abendmahlskelch von hohem Alter und grossem Kunstwerth (s. Beilage XVII). Er ist 0,16 m hoch, hat einen oberen Durchmesser von 0,11 m und einen sechseckigen Fuss. Die sechs von dem Fusse bis zu dem sechstheiligen Knauf sich erstreckenden Felder sind blau emaillirt und auf denselben befinden sich ein Crucifix, das Kreuz golden, der Leib des Herrn silbern, neben demselben Sonne und Mond und über demselben Verzierungen in Spitzbogenform, ferner das Bild eines Bischofs mit dem Hirtenstabe und vier Heiligenbilder.

Von den drei Kirchenglocken mit 1,2, — 0,81 und 0,72 m Durchmesser wurde die grosse 1831 und die mittlere 1829 von Gebr. Ulrich zu Laucha und die kleine 1734 von Martin Heintzen zu Leipzig gegossen. Bei dem Gusse der letztern wurde das alte 17 Pfd. schwere Glöckchen mit verwandt, welches die Gemeinde in Jechaburg für zwei Thaler gekauft hatte, nachdem ihr im dreissigjährigen Kriege die Glocken gestohlen worden waren.

Die Gebäude des fürstlichen Vorwerks sind alt, haben aber nichts Interessantes aufzuweisen. Sie gehörten früher zwei kleinen Gütern an. Das eine, wahrscheinlich der Stammsitz der Herren von Stockhausen, fiel nach deren Aussterben den Grafen von Schwarzburg heim. Auf demselben hielten diese nachmals als Fürsten zuweilen Hof, wovon das Wohngebäude noch den Namen Fürstenhof führt, jetzt aber als Schüttboden dient. — Das andere Gut, das sog. Hethenische, ist wahrscheinlich dasjenige, welches die Gräfin Mechtilde von Aschania 1268 an den Grafen Heinrich von Honstein verkaufte. Vergl. Spatenburg. Lange Zeit waren mit demselben die Herren von Sondershausen, nachher die Herren von Stockhausen belehnt.

Das Dorf Stockhausen bestand im 13. Jahrhundert nur aus 14 Familien, die sich, wie schon berichtet, an dem westlich von dem Dorfe gelegenen Bornthale angesiedelt hatten. Die allmählich auf das doppelte gestiegene Einwohnerzahl baute sich im 15. Jahrhundert um die östlich von ihrem Dörfchen gelegenen Vorwerke an, und es entstanden daselbst in kurzer Zeit 27 Häuser, der Anfang des jetzigen Dorfes.

Thalebra.

Kirchdorf mit 414 Einw., Altgau, mit einer fürstlichen Domaine, 10,2 km südwestlich von Sondershausen, liegt unweit der von Sondershausen nach Langensalza resp. Mühlhausen führenden Chaussee und an einem kleinen Bache, Sumpfbach genannt.

Urkundliche Namensformen: 1080 Everha, Evera, bald nachher parva Ebera, Ebra inferior, 1403 Tal-Ebra, 1467 Taelebra, 1485 Talebra, 1496 Tallebra.

Die Kirche St. Crucis, sedes Jechaburg, ist sehr alt. Ursprünglich war sie nur eine kleine, aus dem untern Kreuzgewölbe des Thurmes und einem westlichen Anbau bestehende Capelle und der heiligen Jungfrau Juliane geweiht; 1633 wurde sie vergrössert. — Bis zum Jahre 1491 hatte die Capelle dort mit der zu Hohenebra einen gemeinschaftlichen Vicar, von da an bis 1574 waren sie dismembrirt, und seitdem ist Thalebra Filial von Hohenebra.

Die drei Kirchenglocken von 0,93, — 0,74 und 0,54 m Durchmesser gehören zu den ältesten der Unterherrschaft. Die grosse Glocke hat eine sehr umfangreiche, leider beim Gusse missrathene Inschrift, die überdies von der zweiten Zeile an auf der Glocke link (als Spiegelbild) erscheint (s. Fig. 36).

Fig. 36.

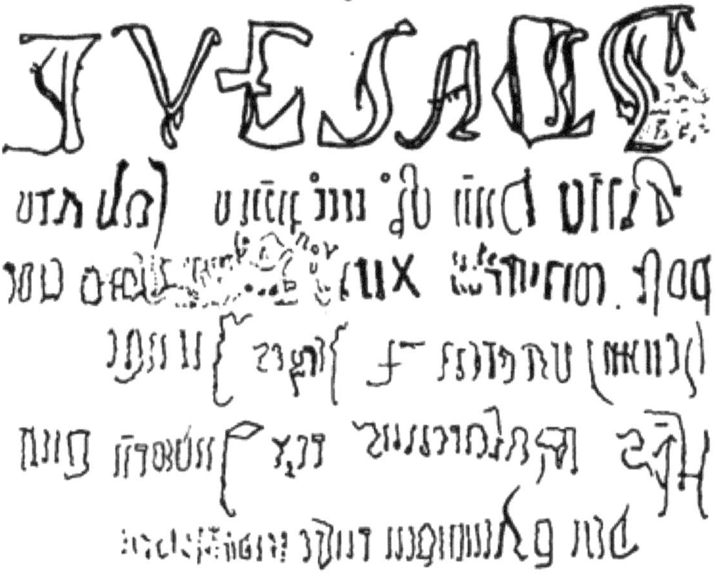

Bei der ersten Zeile vorstehender Inschrift AVE SANT sollen die folgenden verspritzten Buchstaben vielleicht IVLIANE heissen, welcher die alte Capelle geweiht war. Der erste Theil der folgenden Inschrift ist zu lesen: Anno Dm. MCCCC primo (1401) sabato post M . . . (ist Mamerti zu lesen — nach einer gütigen Mittheilung des Herrn Dr. Otte-Merseburg) XII (XIII) . . . (Tage) vor hemmelvarthe. H. und Jerges Junge — nach des Herrn Dr. Otte Erklärung wahrscheinlich die Namen der Kirchenväter.

Von dem zweiten Theile der Inschrift: Jesus Nasarenus rex Judeorum — sind die folgenden ganz verspritzten Worte vielleicht zu lesen: gib den Gläubigen Ruhe und Frieden.

Die mittlere Glocke ist ohne Inschrift, aber ihrer Form nach sehr alt.

Die kleine Glocke, welche sowohl als Läute-, als auch als Seigerglocke dient, ist ebenfalls sehr alt und hat als Inschrift (s. Fig. 37):

Fig. 37.

Diese Inschrift ist schwer zu enträthseln; die letzten Zeichen sind vielleicht, wie Herr Prof. Dr. Grössler-Eisleben meint, zu lesen: Hilf uns!

Diese Glocke soll auf der unweit Thalebra gelegenen Wüstung Küllstedt ausgegraben worden sein.

Die fürstliche Domaine besteht aus einigen kleineren, vormals dort befindlichen Gütern, die theils adeligen Familien, theils frommen Stiftungen gehörten, z. B. eins dem Kloster U. L. F. zu Nordhausen, welches 1446 in den Besitz des Stifts Jechaburg kam. Diese Güter wurden späterhin in ein Rittergut verwandelt, welches 1820 die fürstliche Kammer zu Sondershausen käuflich erwarb.

Etwa 1 km südlich von Thalebra befindet sich in dem sog. Küllstedter Grunde die Wüstung des Dorfes Cullstete. Dasselbe kommt urkundlich 1128 und von da an mehrfach unter dem Namen Cullstede, Collestede, Kulstete und Kolstedt vor, und eine Urkunde von 1397 gedenkt der Capelle St. Pancratii in Kulstete. In dem Archidiaconatsregister von 1506 wird Kolstete als zur sedes Marksussra gehörig, aber als desolat bezeichnet. — Grundmauern etc. des ehemaligen Dörfchens sind nicht mehr vorhanden, aber sein Name hat sich in der Benennung seines vormaligen Standorts „Küllstedter Grund" erhalten. — In eben diesem Grunde soll die noch vorhandene kleine Glocke zu Thalebra ausgegraben worden sein.

Nach dem Orte Cullstete nannten sich: 1128 Vinnoldus de Collestede, 1297 Bertholdus de Kullstede, 1320 Hermannus de Kulstede, 1372 Sifrid von Kulstete, 1377 Friedrich von Kulstedt, 1384 Sivred von Culstete, 1403 Ulrich von Kulstete, wohnhaft zu „Tal-Ebra".

Darüber, dass sich 1075, während der Kaiser Heinrich IV. bei Spira sein Hoflager aufschlug, seine Truppen und namentlich die der Sachsen und Thüringer bei Thalebra und Hohenebra lagerten, vergl. Niederspier.

Thüringenhausen.

Kirchdorf mit 231 Einw., Altgau, 14,1 km südlich von Sondershausen, liegt am linken Ufer der Helbe, die hier zwei kleine Bäche, den Kirschenbrunnen und den Stättebrunnen, aufnimmt.

Urkundliche Namensformen: 874 Thuringohus, im 13. Jahrhundert Durinhusen, Durinchusen und Doringhusen, 1329 Döringhusen, 1417 Thuringenhausen, 1495 Doringenhausen.

Die Kirche St. Petri, sedes Marksussra, wurde 1874 neu erbaut. — In derselben befindet sich ein alter Altarschrein mit zwar einfacher, aber sehr hübscher Holzschnitzerei. Auf dem Mittelstücke desselben ist die Jungfrau Maria mit Krone und Scepter dargestellt, auf dem rechten Arm das Christuskind mit der Weltkugel in den Händen. Auf jedem der beiden Seitenflügel befinden sich sieben Figuren; je die erste ist gekrönt, die auf dem rechten Flügel hält das Brod, die auf dem linken den Kelch in der Hand, und neben jeder derselben stehen sechs Apostel.

Aus der neuesten Zeit besitzt die Kirche sieben Oelgemälde vom Prof. Dr. Pfannschmidt in Berlin, welche biblische Gegenstände darstellen.

Von den drei Kirchenglocken mit 1,8, — 0,90 und 0,70 m Durchmesser sind die grosse und die kleine 1856 von Carl Friedr. Ulrich zu Apolda gegossen worden; die mittlere dagegen ist sehr alt, wie sich aus ihrer Inschrift ergibt (s. Fig. 38):

Fig. 38.

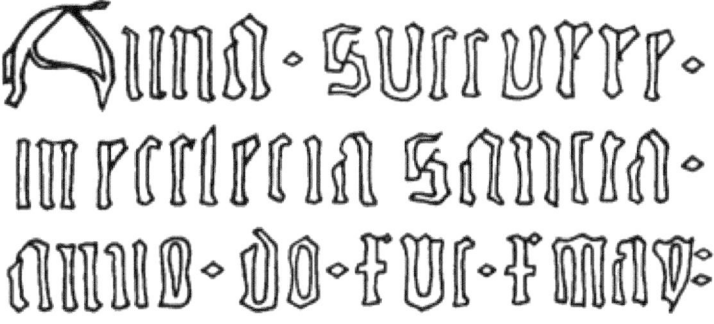

In der Flur von Thüringenhausen wurde früher Waidbau getrieben; noch findet man in dem Orte Waidmühlensteine, und ein Platz am westlichen Ende desselben führt den Namen: auf der Waidmühle.

Toba.

Pfarrkirchdorf mit 648 Einw., Altgau, 21,6 km südwestlich von Sondershausen, liegt auf einer nach Süden sich abdachenden Hochebene und an der Keula-Ebeleber Chaussee.

Urkundliche Namensformen: 1226 Thaba, 1251 Taba, 1307 Thobs.

Die Kirche St. Georgii, sedes Marksussra, ist alt; sie erfuhr von 1606 bis 1608 eine bedeutende Reparatur, bei welcher der Einwohner Kühn die Westseite derselben auf seine Kosten herstellen liess. Eine lateinische Inschrift über der Chorthür bewahrt das Andenken an ihn.

Die drei Kirchenglocken von 1.16, — 0,88 und 0,61 m Durchmesser wurden gegossen: die grosse 1867 von Carl Friedr. Ulrich zu Apolda, die mittlere 1811 von Braun in Wasserthaleben und die kleine 1695 von Geyer zu Nordhausen.

Nach Toba sind die sog. Kühnsmühle und die unterste Mühle im Helbethale eingepfarrt.

Toba ist der Geburtsort eines Mannes, der, ausser mit der Theologie, sich auch viel mit anderen literarischen Arbeiten beschäftigte und sie veröffentlichte. Es ist Johann Gottfried Gregorii, der am 17. Februar 1685 als der Sohn des dortigen Pfarrers geboren wurde und am 4. August 1770 als Pfarrer em. zu Dornheim bei Arnstadt starb. Er schrieb meistens unter dem Namen Melissantes, und wir haben von ihm: „Das Erneuerte Alterthum oder Curieuse Beschreibung vormals berühmter Berg-Schlösser" — „Curieuse Orographie" — „Das jetzt florirende Thüringen" — „Genealogische Beschreibung aller jetzt lebenden Durchlauchtigster Häupter" — „Curieuser Affecten-Spiegel" u. a. m.

Das Dorf Toba war vom 12. bis ins 14. Jahrhundert der Sitz einer besondern Herrschaft, 1307 Grafschaft genannt, die den Grafen von Kirchberg gehörte. Im 13. Jahrhundert war ein Theil der kirchbergischen Herrschaft Toba im Besitz der Grafen von Honstein, und 1307 verkauften die Grafen Vollrath und Berthold von Kirchberg alle ihre Güter in der Herrschaft Toba mit Toba als Sitz derselben an die Grafen von Honstein. — Noch erinnern drei mächtige und prächtige uralte Lindenbäume, welche an der Ostseite des Dorfes auf einem etwas erhöhten freien Platze stehen, an die Zeit, zu welcher Toba der Sitz einer Herrschaft war und unter jenen Bäumen Gericht gehalten worden sein mag. Davon, dass Toba mehr als ein gewöhnliches Dorf war, zeugen auch die Namen Kirch-, Fall- und Angerthor, welche drei Stellen des Dorfes noch heute führen, obwohl daselbst keine Spur von Thoren mehr zu finden ist.

Wüstungen. Etwa 0,3 km östlich von Toba befindet sich die Wüstung des Dörfchens Oester- oder Wenigen-Toba; beide Orte werden in einer Walkenrieder Urkunde von 1226 in den Worten erwähnt: in utraque Thaba. Nach einer Urkunde des Klosters Schlotheim von 1312 legirt Berthous de Slatheim dem gen. Kloster ausser anderen Gütern einen Hof in orientali Taba (Oestertaba), und im Archidiaconatsregister von 1506 wird es unter dem Namen Taba inferior als zur sedes Marksussra gehörig, aber als desolat bezeichnet. — Vorhanden von dem Dörfchen ist noch ein überwölbter Brunnen, der wegen seines guten Wassers und seiner Nähe von den Einwohnern Toba's viel benutzt wird.

Zu dem Flurbezirk von Toba gehört theilweise auch die Wüstung Germersdorf, 3 km in südwestlicher Richtung von diesem Dorfe gelegen. Vergl. Kleinbrüchter.

Etwa 12 km nordwestlich von Toba befinden sich an der westlichen Grenze des Burghagens, einer der dortigen Gemeinde gehörigen Waldung, die Ueberreste einer ehemaligen höchst merkwürdigen Ringwallburg, die Helberburg oder

Helbeburg genannt. Die Wälle an ihrer Nord-, Ost- und Südseite — an ihrer Westseite machte der steile Abhang ins Helbethal einen Wall unnöthig — bestehen aus dem Erdreich, welches man vor denselben aushob, sind aber nicht mehr vollständig erhalten. Der Wallgraben an ihrer Nord- und Ostseite ist 6 Fuss, an der Südseite 8 Fuss tief. In der Nordwestecke des Burgplatzes ist die sog. kleine Burg, welche 4 Fuss höher liegt, als der übrige Raum, von S. nach N. eine Ausdehnung von 60 m, von W. nach O. von 45 m und an der Ost- und Südseite einen Wallgraben von 8 Fuss Tiefe hat. Die innerhalb der kleinen Burg befindliche Vertiefung von etwa 10 Fuss soll ein Ueberrest des ehemaligen Burgbrunnens sein.

Der ganze innere Burgplatz, welcher den Namen Burgwiese führt und z. Z. aus einem Laubholz- und einem jungen Fichtenbestand, sowie aus einem Pflanzgarten besteht, ist von S. nach N. etwa 200 m lang, an der Südseite 56 m und an der Nordseite 120 m breit.

Südlich davon befinden sich zwei Schanzen; die nächste ist 45 m lang und der Graben vor derselben 8 Fuss tief, die zweite, eine ziemliche Strecke weiter nach S. gelegen, ist gegen 34 m lang und der Graben vor derselben 6 Fuss tief.

Die Burg stammt jedenfalls noch aus vorchristlicher Zeit und mag nicht blos ein Zufluchtsort bei feindlichen Angriffen, sondern auch eine heidnische Opferstätte gewesen sein.

Bezüglich des betr. Burghagens dürfte noch als nicht uninteressant zu erwähnen sein, dass mit demselben die Gemeinde Toba schon in alten Zeiten vom Kloster Gerode belehnt worden ist, wie aus dem 1501 ausgestellten Lehnbriefe hervorgeht, von welchem die Gemeinde eine 1651 ihr zugefertigte Abschrift besitzt, in welcher es heisst: „Wir Heinrich von Gottes Gnaden Abt und ganze Convent des Klosters zu Gerode bekennen vor uns und alle unsere Nachkommen, dass wir auf Ansuchunge derer Männer und einwohner zu Toba, sie und ganze Gemeinde daselbst alle ihre nachkommende einwohner recht und redlichen belichen haben mit einem geholze genannt der Borkhagen, leihen und reichen Ihnen das auch so gegenwärtig in und kraft dieses Briefs mit Aller nutzungen gebrauch und herkommen, wie sie das von unsern Vorfahren Seeligern bishero zu Lehn lange Zeit — nach einer Urkunde desselben Klosters bereits vor dem Jahre 1414 — innen gehabt und gebraucht haben" etc.

Trebra.

Pfarrkirchdorf mit 487 Einw., Engilin, 15,5 km südöstlich von Sondershausen, liegt an der südlichen Abdachung einer Hochebene.

Urkundliche Namensformen: 932 Triburi, 1000 Driburi, 1302 Trebre, 1319 Trebere, 1327 Treber, 1401 Trebir, 1408 Trebera und Trebern.

Nach dem Dorfe nannte sich eine adelige Familie. Im Jahre 1337 verpfändet das Kloster „Bunrode" sein Gut zu Trebra an Hermann, Clinkoz und Apel von Trebra wegen geleisteter Bürgschaft.

Die Kirche St. Petri, sedes Kannawurf, ist sehr alt und mag nebst dem ältesten Theile des Thurmes, wie aus den romanischen Fenstereinfassungen an seiner Ost- und Westseite zu schliessen ist, aus der Zeit vom 11. bis zum 13. Jahrhundert

stammen. Im Jahre 1787 erfuhr die Kirche nicht blos eine Reparatur, sondern wurde
auch nach Osten hin verlängert, und der Thurm erhielt gleichzeitig einen neuen Auf-
satz. — Bis 1575 war sie die Mutterkirche von der zu Niederbösa, welche letztere in
dem erwähnten Jahre einen eigenen Pfarrer erhielt.

Die drei Kirchenglocken von 1,20, — 0,95 und 0,80 m Durchmesser wurden
1856 von Gebr. Ulrich zu Apolda und Laucha gegossen.

Neben dem Gottesackerthore befindet sich auf einer in die Mauer eingelassenen
Steinplatte die Inschrift:

HANNS KOBLENTZ HEINRICH GVTTEL DIE ZEIT ALTARLEVTE. 1577.

Aus derselben Zeit mag auch die Inschrift auf der oben länglichrund zulaufenden
Einfassung der Gottesackerthür stammen:

CHRISTVS IST MEIN LEBEN STERBEN MEIN GEWINN.

Ausser der Kirche St. Petri hatte Trebra nach dem Archidiaconatsregister noch
eine Capelle, welche wahrscheinlich zu dem dortigen Kloster gehörte. Sie lag nebst
einem Wirthschaftsgebäude des Klosters an der Südseite des Dorfes; doch sind von
beiden keine sichtbaren Spuren mehr vorhanden. Ihren Standort nehmen jetzt Gebäude, Gärten etc. ein; aber an ihr einstiges Vorhandensein daselbst erinnern verschiedene Ortsbenennungen, wie Capellhof, ein Platz, Mönchsthor, eine Strasse,
vor dem Mönchsthore, das Feld, zu welchem jene Strasse führt.

Was aber das erwähnte Kloster betrifft, so ist von demselben noch ein Gebäude oder ein Theil eines solchen vorhanden. Dasselbe liegt an der Nordseite des
Dorfes in dem Gehöfte des Landwirths F. Ludwig; eine kleine Strasse, welche zu
demselben führt, heisst noch heute die Klostergasse. Das betr. Gebäude ist aus
Holz und Fachwerk aufgeführt, und in die Rähmstücke, Balkenköpfe, Saumschwellen
und Säulen mit ihren Eckstreben des zweiten Stockwerks sind Rosetten und andere
Verzierungen eingeschnitten. In diesem Stockwerk befinden sich zwei kleine Kammern,
welche ehemals unstreitig Mönchszellen waren, und an deren Wänden Inschriften,
biblische Bilder, Arabesken und Blattgewinde dargestellt sind, als: Der Spruch Joh.
Joh. 14, 47: Wahrlich, wahrlich, ich sage euch, wer an mich glaubt, hat das ewige
Leben — Moses mit der ehernen Schlange — Adam und Eva, zwischen ihnen der
Baum der Erkenntniss mit der Schlange — ein Crucifix, neben welchem eine weibliche
Figur kniet — die Verkündigung der Maria - - Petrus mit dem Schlüssel, Paulus mit
dem Schwerte — Christus und Judas, letzterer mit einem Beutel in der Hand, küsst
den Herrn — Gethsemane, auf einem Felsenvorsprunge steht ein Kelch, in demselben
ein Kreuz, und vor demselben kniet Christus, die Hände zum Gebet erhoben. — Die
Bilder sind auf Lehmgrunde in brauner, gelber, blauer und schwarzer Wasserfarbe
ausgeführt.

Die betr. Wände waren, wahrscheinlich bei Aufhebung des Klosters, mit starken
eichenen Bohlen zugeschlagen worden, und die Bilder sind erst wieder zum Vorschein
gekommen, als man in jüngster Zeit die Bohlen abnahm. Obwohl jene Bilder in der
Länge der Zeit gelitten haben, so lässt sich doch noch deutlich erkennen, was sie vorstellen sollen.

Am östlichen Ende des Dorfes lag früher eine Burg, die Kikersburg genannt, welche vielleicht das praedium ist, das Kaiser Heinrich I. nach einer
Urkunde von 932 in „Triburi“ vom Abt zu Fulda eintauschte. Der Platz, welchen

7

die Burg einst einnahm, und auf welchem gegenwärtig drei Häuser stehen, heisst noch die Kikersburg, und die Dorfstrasse, welche dorthin führt, die Zugbrücke. Irgend ein Ueberrest von der Burg ist nicht mehr vorhanden. Nach Norden dacht sich der Platz in ein kleines Thal ziemlich steil ab, nach den andern drei Seiten mochte die Burg durch Wallgräben geschützt worden sein, über welche von W. her eine Zugbrücke führte, was der Name der Strasse an dieser Seite zu bestätigen scheint.

Urbach.

Pfarrkirchdorf mit 561 Einw., Altgau, 25,3 km südwestlich von Sondershausen, liegt in einem Thale und wird von einem kleinen Bache gleichen Namens durchflossen.

Urkundliche Namensformen: 874 Hurbach und Hurbah, 966 Urbach, 1164 Urbich, 1251 Urbeche, 1264 Urbech.

Die Kirche St. Johannis, sedes Görmar, ist von 1839 bis 1841 neu erbaut worden. — In derselben befindet sich ein uralter Opferstock von Stein mit folgender, leider nicht mehr vollständig erhaltener Inschrift:

anno dm .... ior. die kirchenpfer valfen herzog iunghans lang ⋛>< F. G. A.

Von den drei Kirchenglocken mit 1,6, — 0,82 und 0,68 m Durchmesser wurden die grosse und die mittlere 1863 und die kleine 1883 von Carl Friedr. Ulrich zu Apolda gegossen.

Das Dorf Urbach wird bereits 874 unter den dem Stift Fulda zehntpflichtigen Orten aufgeführt, und 966 verleiht der Kaiser Otto II. im Namen seines Vaters die villa Urbach demselben Stift. Im Jahre 1434 vertauscht der Kurfürst Friedrich II. von Sachsen das halbe Dorf „Urbech" und das Dorf Niederkeula, die bis dahin zu dem kursächsischen Amte Tungesbrücken (Thamsbrück) gehörten, an den Grafen Heinrich XXVI. von Schwarzburg gegen das Dorf Blankenburg, im jetzigen Kreise Langensalza.

Wüstung. Etwa 2 km südwestlich von Urbach lag vormals eine Burg, von welcher noch zu Anfang unseres Jahrhunderts Mauerreste vorhanden waren. Im Besitze derselben soll zuletzt eine Familie von Buch gewesen sein, deren letztes Glied, ein Fräulein von Buch, der Kirche zu Urbach, wie eine alte Kirchenmatrikel dort berichtet, einen Wald, das Kirchenlöhr genannt, schenkte. — An die letzten Besitzer der Burg erinnert noch der Name einer Wiese, Buchsee genannt, welche in der Nähe des ehemaligen Standortes der Burg liegt und einstmals ein See gewesen sein mag.

Wasserthaleben.

Pfarrkirchdorf mit 539 Einw., Altgau, mit einer fürstlichen Domaine, 17,7 km südöstlich von Sondershausen, liegt in einem Thalkessel, der von Norden her durch die
Abdachung der Hainleite und von Süden her durch die des Hornberges gebildet wird,
und am linken Ufer der Helbe, sowie an der Nordhausen-Erfurter Eisenbahn, welche
hier eine Station hat.

Urkundliche Namensformen: Diejenigen Namen, welche Wasserthaleben mit
zwei andern schwarzburgischen Orten, dem sondershäusischen Holzthaleben und dem
rudolstädtischen Steinthaleben, einst gemeinsam hatte, sind: Talaheim, Talheym,
Talheim, Thalbeim, Thalheimb; unser Ort ist gemeint, wo er 1247 Dalem geschrieben wird in der Urkunde, durch welche Pabst Innocenz IV. dem Kloster Ilfeld
Besitzungen daselbst bestätigt, und 1417, wo es mit Talheym bei Greussen bezeichnet wird; nachmals wird es meistens Wasserthaleben geschrieben, wohl im
Gegensatze zu dem wasserlosen Talheym (Holzthaleben).

Die Kirche St. Johannis, sedes Greussen, wurde 1590 erbaut, wie aus der —
jetzt aber fast verwitterten — Inschrift über dem südlichen Eingange zur Kirche zu
entnehmen ist, und ist an ihrem Standorte jedenfalls das erste Kirchengebäude.

Ausser dem Grabdenkmale eines Herrn von Windheim aus dem Jahre
1734, welches aus einem grossen Schiefersteine mit Zierathen von weissem Marmor
besteht und auf der Emporkirche aufgestellt ist, hat die Kirche nichts Interessantes
aufzuweisen.

Von den drei Kirchenglocken mit 1,10, — 0,93 und 0,74 m Durchmesser
wurden die grosse und die kleine 1885 von Gebr. Ulrich zu Apolda, die mittlere 1810
von Braun zu Wasserthaleben gegossen. — Bis zu Anfang des Jahres 1885 hatte die
Kirche nur zwei Kirchenglocken; in demselben Jahre stiftete jedoch die Gemeinde zu
den beiden grösseren eine kleine. Beim Festgeläute zur Einweihung der letztern
stürzte die grosse aus der sog. Pfanne, blieb zwar zum Glück auf dem starken Ge-
bälk der Glockenstube hängen, verlor aber die Krone, so dass sie umgegossen
werden musste.

Das erste gottesdienstliche Gebäude für den Ort war die Capelle Unserer
Lieben Frauen, welche aber nicht in dem jetzigen Dorfe, sondern südlich davon
auf einer Anhöhe am rechten Ufer der Helbe, der Kirchberg genannt, lag und zu
dem auf derselben Anhöhe gelegenen Kloster Sorge gehörte. Dieser Capelle wird
noch 1583 bei einem Vergleiche gedacht, welcher zwischen der Gemeinde und den Gebrüdern Georg und Anton von Werther dort „wegen der strittigen Capelle und
der Beiträge zum Kirchenbau" stattfand. Seitdem fehlt jede Nachricht über die betr.
Capelle, aber die Stelle, wo sie gestanden, sowie die Ummauerung des Gottesackers
liessen sich bis vor wenigen Jahrzehnten noch genau erkennen; auf dem letztern
standen bis dahin sogar noch mehrere Leichensteine.

Was jedoch das erwähnte Kloster Sorge betrifft, so hat man weder von der
Zeit seiner Gründung, noch seines Untergangs irgend eine bestimmte Kunde: in dem
Lehnsbuche des fürstlichen Landesarchivs zu Sondershausen von 1417 bis 1438 wird
es bereits als Wüstung bezeichnet.

Auf demselben Berge, auf dem das erwähnte Kloster lag, befand sich ursprünglich auch das Dörfchen Talheim, welches nur aus neun Häusern bestand, und dessen

Bewohner sich dort allmählich um das Kloster angesiedelt hatten. An der Stelle dagegen, wo jetzt das Dorf Wasserthaleben liegt, standen gleichzeitig nur die Gebäude verschiedener Güter, von denen mehrere bereits im 14. und 15. Jahrhundert urkundlich aufgeführt werden. Da die Bewohner von Talheim ihr Brod wohl meistens als Arbeiter auf jenen Gütern erwarben, so mochten sie, nachdem das betr. Kloster eingegangen war, jenen Gütern näher zu wohnen wünschen und demzufolge sich auch um dieselben angesiedelt haben. — Jene 9 Häuser sind nachher allmählich eingegangen, die Hausstätten haben aber ihre alten Rechte und Pflichten behalten. Uebrigens findet man heute dort noch Grundmauern der ehemaligen Wohnstätten, ja selbst noch einen vollkommen erhaltenen Keller.

Die fürstliche Domaine ist erst nach und nach aus der Vereinigung kleinerer und grösserer Güter hervorgegangen. Als solche werden erwähnt: Güter der Grafen von Kirchberg, welche von diesen an das Stift Fulda gekommen sein sollen, — Güter des Stifts Walkenried, welche der Graf Günther XL. im Jahr 1534 für 860 Gulden erwarb. Wahrscheinlich waren es die letztern, mit welchen bald nachher die Herren von Witzleben belehnt, von diesen aber bereits 1539 an Moritz von Werthern um 1300 Gulden abgetreten wurden.

Die Familie von Werthern blieb lange Zeit im Besitz der dortigen Güter, so dass diese sich zum Unterschied von andern Linien dieses weit verbreiteten Geschlechts die thalbeimer nannte. Ihr dortiger Besitz ging, wahrscheinlich in Folge einer Verheirathung, an die Ritterfamilie Marschall über, welcher auch das alte grosse Wohngebäude auf dem dortigen Domainenhofe seinen Ursprung verdankt, wie dies zwei Inschriften an dem Erker von dessen südlichem Seitenflügel bestätigen. An dem grossen steinernen Bogen, welcher jenen Erker trägt, steht rechts:

FRIEDRICH WILHELM MARSCHALL 1663 — und links:

MARIA KATHARINA MARSCHALLCHIN. G. V. WERTHERN.

Bereits im Jahre 1671 kauften die Grafen von Schwarzburg von dem vorbenannten F. W. Marschall dessen Gut um 24.500 Gulden. Das betr. Haus war von da an die Wohnung des Domainenpächters. Späterhin, von 1815 bis 1830, hielt in dem Seitenflügel desselben nebst dem erwähnten Erker der Fürst Günther Friedrich Carl I. alljährlich einige Monate Hof. Unweit dieses Hauses liess derselbe ein ansehnliches Gebäude aufführen, dessen unteres Stockwerk als Marstall, das obere dem fürstlichen Jagdgefolge als Wohnung diente. Dieses Gebäude ist nach einem inneren Umbau Wohnung des Domainenpächters geworden.

Im Jahre 1834 kaufte fürstliche Kammer das Müller'sche Freigut und das Nordhäuser Klostergut und vereinigte sie mit der Domaine.

Zu den ältesten Bauwerken der Domaine gehört eine Scheune mit der Jahreszahl 1569 und der grosse mächtige Thorbogen, welcher den Eingang zum Domainenhofe bildet. Oben in der Mitte des Bogens befindet sich die Inschrift:

PSALM CXLVII VERS XIII. XIV. DER HERR MACHET VESTE DIE RIEGEL DEINER THORE VND SEGNET DEINE KINDER DARINNEN. ER SCHAFFET DEINEN GRENZEN FRIEDEN.

Ueber der neben diesem Thore befindlichen Thür steht in einen Stein eingegraben:

PSALM CXXI VERS VIII. DER HERR BEHVTE DEINEN AVSGANG VND EINGANG VON NVN AN BIS IN EWIGKEIT.

Unter dieser Inschrift befindet sich auf einem besondern Steine die Jahreszahl 1571 und auf beiden Seiten des Thorbogens das Werther'sche Wappen.

Wenigenehrich,

Kirchdorf mit 198 Einw., Winidon, 15,4 km südlich von Sondershausen, liegt an dem Hammerbache, welcher daselbst den südwestlich davon entspringenden Willerbach aufnimmt und sich unterhalb des Ortes mit dem Bennebach vereinigt.

Urkundliche Namensformen: 979 Westerenehrich, in Gandersheimer Urkunden s. a. Westernerche, 1358 Weynigen Ebrich, 1467 Wenigen Ehrich.

Die Kirche St. . . .— als dem Stift Gandersheim zuständig keiner sedes des Archidiaconats Jechaburg angehörig —, Filial von Wolferschwenda, wurde samt Thurm vom Frühjahr 1884 bis dahin 1885 neu erbaut.

Die drei Kirchenglocken von 1,3, — 0,85 und 0,68 m Durchmesser wurden 1884 von Gebr. Ulrich zu Apolda gegossen, hängen auf einem schmiedeeisernen Glockenstuhle und werden nach dem neuen Collier'schen System geläutet. Sie bilden ein sehr harmonisches Geläute.

Bis zur Reformation wurde der Gottesdienst zu Wenigenehrich von einem der drei Vicare besorgt, welche das Stift Gandersheim zu Grossenehrich für diese Stadt und die mit derselben verbundenen Filiale eingesetzt hatte. W. blieb in diesem Verhältniss zu Grossenehrich bis 1575, von da bis 1837 war es Filial von Rohnstedt und seitdem von Wolferschwenda.

Zu Wenigenehrich wurde am 2. September 1702 der als Componist geschätzte Heinrich Nicol Gerber geboren als der Sohn des dortigen Lehrers. Er war ein Schüler von Sebastian Bach und starb als Hoforganist zu Sondershausen.

Westerengel,

Pfarrkirchdorf, mit 529 Einw., Engilin, 13,6 km südöstlich von Sondershausen, liegt in einer kleinen Vertiefung einer von der Hainleite ausgehenden Hochebene und an deren südlichen Abdachung. Mitten durch das Dorf fliesst ein kleiner Bach, der Rinnebach, und den westlichen Theil desselben durchschneidet die Sondershausen-Erfurter Chausee.

Urkundliche Namensformen: 1128 Westrenenchelde, 1251 Westelinge, 1313 Westerenengelde, 1366 Westirn Engelde, 1397 Westernengilde. — Ueber die Namensformen der Dörfer auf engel und des Gaues Engilin vergl. Einleitung.

Die Kirche St. Benedicti, sedes Greussen, Mutterkirche von der zu Kirchengel, wurde 1822 vom Thurm an neu erbaut. Ursprünglich hatte Westerengel nur eine kleine Capelle, welche aus dem untern Kreuzgewölbe des Thurmes und einem ebenfalls mit einem Kreuzgewölbe versehenen östlichen Anbau bestand. Als späterhin das Kirchengebäude nach W. hin verlängert wurde, behielt man nur das Kreuzgewölbe des Thurmes bei, während der östliche Anbau zwar stehen blieb, aber an der Thurmseite zugemauert wurde; 1822 wurde auch dieser Theil der alten Capelle abgebrochen und das Material beim Bau der neuen Kirche verwendet.

Bis zum Abbruch des vorigen Kirchengebäudes befand sich in demselben ein ziemlich hoher in Form eines Pokals ausgebauener Taufstein mit der Inschrift:

ANNO 1587 BARBARA WITTWE HASENFANG.

Dieser Taufstein ist noch vorhanden, befindet sich aber im Privatbesitz und dient als Blumenständer.

Von den drei Kirchenglocken mit 1,6, — 0,95 und 0,75 m Durchmesser wurde die kleine 1810 von Braun zu Mühlhausen gegossen: die beiden andern sind dagegen alt, wie sich aus den Inschriften derselben ergibt. Bezüglich der grossen s. Fig. 39.

Fig. 39.

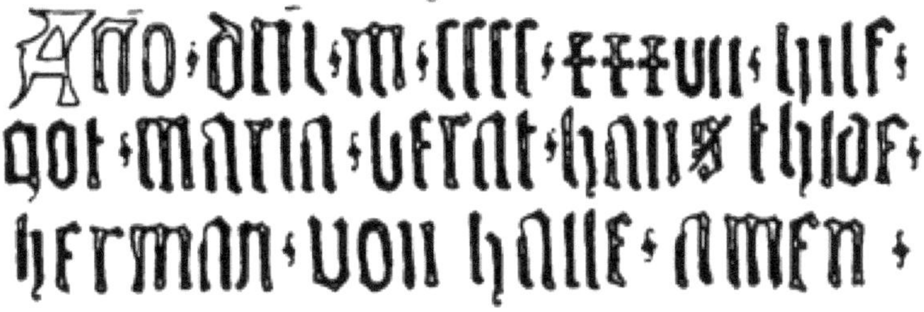

Die mittlere, welche noch älter, als jene ist, hat folgende Inschrift:

anno ∘ m ∘ cccc ∘ ior ∘ hilf ∘ got ∘ maria ∘ berat ∘ usanna ∘ veit ∘ niec ∘ laus ∘ millener ∘ gos ∘ miec ∘ n ∘ rex ∘ glorie ∘ xpe ∘ veni ∘ cum ∘ pace ∘ verbum ∘ caro ∘ factum ∘ est ∘ et ∘ habitavit ∘ in ∘ nobis ∘

Unter dieser Inschrift befindet sich ein Medaillon mit dem Bilde eines Bischofs, der einen Bischofsstab in der Hand hält (s. Fig. 40).

Ueber die Wüstungen Gross- und Klein-Marbach, von welcher sowohl ein Theil des Terrains, auf welchem diese untergegangenen Dörfer lagen, als auch ein Theil ihrer Fluren an Westerengel gekommen ist, vergl. Niederspier.

Eine andere Wüstung, an deren Flur Westerengel ebenfalls Theil hat, ist Reinisch resp. Rinthse. Vergl. Kirchengel.

Westgreussen,

Pfarrkirchdorf mit 612 Einw., Altgau, mit vier Rittergütern, 21 km südöstlich von Sondershausen, liegt in einem Thale und zwischen zwei Armen der Helbe, der

Fig. 40

sog. sächsischen Helbe, die an der Südseite des Dorfes durch Gärten fliesst, nachdem sie durch ein hölzernes Flussbett über den Grollbach geleitet worden ist, und dem sog. Steingraben, welcher an der Nordseite desselben vorüberfliesst.

Der älteste urkundliche Name des Dorfes ist Gruzzi, den es mit Greussen und Clingen gemeinschaftlich hatte (vergl. Clingen); 1317 Westgruzen, 1350 Westgruszen, 1382 Westgrüzen und Westgrüssen, 1449 Westgrüssin, 1496 Westgrussen; im Volksdialekt: Westgrissen.

Die Kirche St. Martini, sedes Greussen, wurde 1725 vom Thurme an nach W. hin neu erbaut. Bis dahin hatte Westgreussen nur eine kleine Capelle, welche aus dem unteren Kreuzgewölbe des Thurmes und einem östlichen Anbau bestand. Bei dem erwähnten Neubau der Kirche wurde die Capelle bis zum Thurme abgebrochen, und der im Thurme befindliche Theil derselben wurde die Sacristei des neuen Kirchengebäudes.

In der Kirche befinden sich neun eximirte Kirchenstände für die neun vormals zu Westgreussen vorhandenen Rittergüter, meistens noch mit dem Wappen ihrer ehemaligen Inhaber versehen. Auf der untersten Empore links von der Kanzel sind drei: die der Familien von Selmnitz und von Heringen, Seidler und Gutbier; rechts von der Kanzel drei: die des F. F. von Dachröden, des C. E. von Dachröden und des A. W. Hagen; unter den letzterwähnten, rechts vom Altare, drei: der Spier'sche und zwei ohne Namen.

Unter den heiligen Gefässen ist erwähnenswerth: ein silberner und vergoldeter Abendmahlskelch von 0,19 m Höhe und 0,11 m obern Durchmesser. Er hat einen sechstheilig ausgeschweiften Fuss und einen sechstheiligen Knauf; auf einem der sechs Felder des Fusses ist das Selmnitz'sche Wappen mit den Buchstaben A. v. S. eingegraben, auf den sechs vergoldeten fein ciselirten Knaufköpfen stehen die Buchstaben: I. H. E. S. V. S.

Von den drei Kirchenglocken mit 1,6, — 0,85 und 0,45 m Durchmesser wurde die grosse 1774 von Joh. Georg und Joh. Gottfr. Ulrich zu Apolda und die mittlere 1873 von C. Friedr. Ulrich ebendaselbst gegossen; die kleine mit der Inschrift (s. Fig. 41):

Fig. 41.

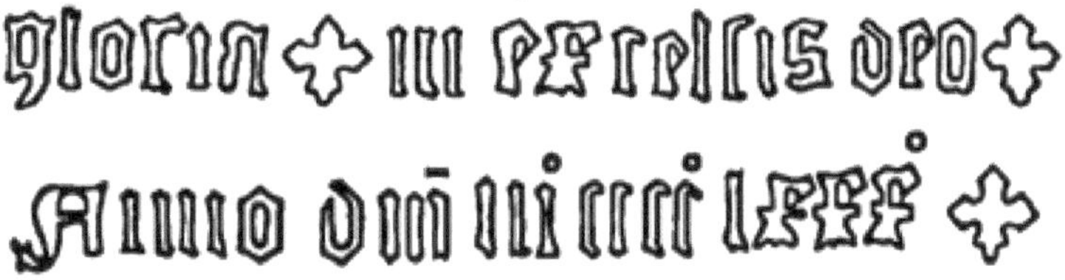

soll auf der Wüstung Grobern (s. unten) ausgegraben worden sein.

In der alten Capelle waren zwei Altäre oder Vicarien: Trium regum und Beatae Mariae Virginis; an dem letztgenannten Altar war ums Jahr 1403 der Graf Günther XXXIII. von Schwarzburg Vicar, vertauschte aber noch in demselben Jahre das Vicariat mit einer Domherrnstelle zu Magdeburg, wo er 1405 Erzbischof wurde. Ein Haus in Westgreussen führt noch heute den Namen Vicarei und war wahrscheinlich die Wohnung des dortigen Vicars.

Bis 1509 war die Capelle zu Westgreussen Filial von der Pfarrkirche St. Gumberti zu Clingen; von da an erhielt sie ihren eigenen Pfarrer in der Person des damaligen Vicars an der „Capelle St. Andreae vor dem Schlosse" in Clingen: derselbe hatte aber die Verpflichtung, in der eben erwähnten Capelle wöchentlich eine Messe zu lesen.

An der Nordwestseite des Dorfes soll an der Stelle, welche den jetzt dort ganz unbekannten Namen Jericho hatte, ein Kloster gestanden haben; es fehlt jedoch über dasselbe jede weitere Kunde, und an dessen einstiges Vorhandensein erinnert nur die Benennung der Aecker, welche an jener Seite des Dorfes liegen, indem man sie mit „hinter dem Kloster" bezeichnet.

Wüstung. In der Flur von Westgreussen und etwa 3 km südwestlich vom Dorfe ist die Wüstung Grobern, urkundlich: 1343 Kraborn, 1363 Krabern, 1467 Craborn und 1506 im Jechaburger Archidiaconatsregister unter dem Namen Kroborn als zur sedes Greussen und als noch intact bezeichnet.

Ehemals soll an der bezeichneten Stelle ein Schloss und ein Dörfchen dieses Namens gelegen haben, jenes auf einer Anhöhe, dieses südwestlich davon in dem nach Rohnstedt führenden Thale. Das Schloss oder die Burg Grobern soll bereits 1290 auf Befehl des Kaisers Rudolph zerstört worden sein und hätte demnach zu den Raubburgen gehört; von dem Dörfchen und namentlich von der Kirche desselben sollen, wie Zeitz in seinen Annalen der Probstei Jechaburg berichtet, noch zu Anfang des achtzehnten Jahrhunderts „rudera" vorhanden gewesen sein.

Gegenwärtig sind an der Stelle, wo das Schloss gestanden haben soll, Steinbrüche, gleich unterhalb derselben ist ein offener Brunnen, der Grober'sche genannt, und eine Stelle, südwestlich davon, heisst das (Grober'sche) Kirchhöfchen.

Von der Flur des ehemaligen Dorfes Grobern ist der grössere Theil zu der von Westgreussen, der kleinere zu der von Grossenehrich gekommen.

Wiedermuth.

Pfarrkirchdorf mit 290 Einw., Altgau, 19 km südwestlich von Sondershausen, liegt am Abhange und Fusse einer nach W. meistens sanft ansteigenden Landhöhe, an einem von W. herkommenden Bache, am rechten Ufer der Helbe und wird von der Keula-Ebeleber Chaussee durchschnitten.

Urkundliche Namensformen: 1128 Widermude, 1285 Widermuthe und Widdermuthe, 1343 Weddermude und Weddermuth, 1532 Wiedermiht; im Volksdialekt: Weddermieth.

Die Kirche St Petri, sedes Marksussra, ist sehr alt und war ursprünglich eine kleine Capelle, welche, nachdem die Ostseite derselben eingestürzt war, 1620 nach dieser Seite hin verlängert wurde. Eine Inschrift über der sog. kleinen Kirchthür enthält die Jahreszahl 1620 und den Spruch aus Psalm 56,7.:

HERR ICH HABE LIEB DIE ST.ETTE DEINES HAVSES.

Von dem hohen Alter der Kirche geben auch die ungewöhnlich langen Kirchschlüssel mit ihren sonderbar gestalteten Bärten oder Kämmen Zeugniss, sowie die höchst primitiven, ganz aus Holz gefertigten Schlösser.

Fig 41

· S. PETERVS

DER KIRCHE NAM

Von den drei Kirchenglocken mit 0,86, — 0,73 und 0,61 m Durchmesser ist die mittlere ihrer Form nach die älteste und hat als Inschrift folgende nicht recht zu enträthselnden Zeichen und Buchstaben (s. Fig. 42):

Fig. 42.

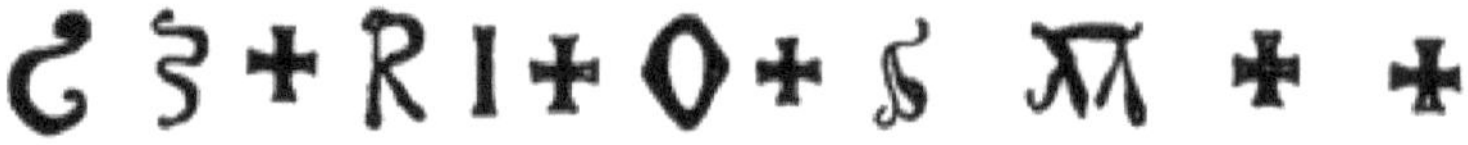

C S + R I + O + S M + +

Die grosse Glocke wurde 1673 von Hans Wolf Geyer zu Erfurt gegossen; an derselben befindet sich ein Medaillon mit der Figur des Apostels Petrus (s. Fig. 43).

Die kleine Glocke wurde 1827 auf Kosten der verwittweten Frau Förster Eva Müller zu Wiedermuth von Joh. Friedr. See zu Creutzburg umgegossen.

Nach W. ist die stille Mühle im Helbenthale eingepfarrt.

Wolferschwenda.

Pfarrkirchdorf mit 217 Einw., Winidon, 19 km südlich von Sondershausen, liegt an der westlichen Abdachung einer Hochebene, Horn genannt, und wird von einem kleinen Bache durchflossen.

Urkundliche Namensformen: 979 Wolfereswinidon, 1343 Woilfirswende, 1348 Wolferswenden, 1421 Wollfirswenden, 1506 Wolferschwenden.

Die Kirche St. Nicolai, sedes Marksussra, seit 1837 Mutterkirche von der zu Wenigenehrich, wurde 1805 samt ihrem kleinen Seigerthurme neu erbaut.

Von den drei Kirchenglocken, welche in einem auf dem Gottesacker stehenden Glockenhause hängen, wurden die grosse mit 1,1 m Durchmesser 1802 von Joh. Lorenz Koch zu Mühlhausen und die mittlere mit 0,83 m Durchmesser 1728 von Paul Hiob Hahn zu Gotha gegossen; die kleine mit 0,62 m Durchmesser ist ihrer Form nach alt und hat als Inschrift nur die Namen der vier Evangelisten und eines Heiligen (s. Fig. 44).

Fig. 44.

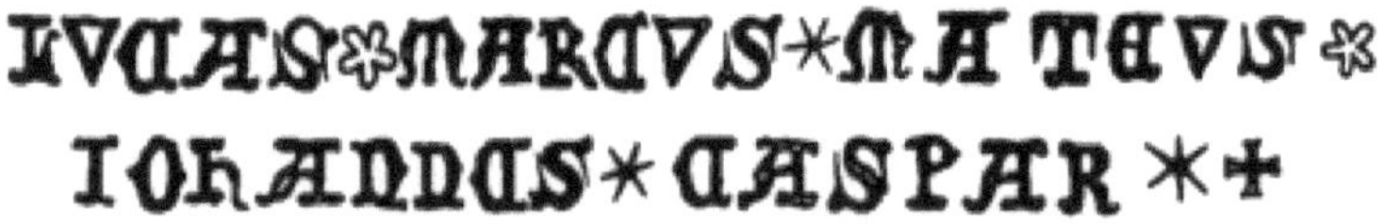

LVCAS * MARCVS * MATEVS *
IOHANNES * CASPAR * +

Glockenschau.

In der Unterherrschaft des Fürstenthums Schwarzburg-Sondershausen gibt es 152 Kirchenglocken. Von diesen sind:

1. 6 ohne Inschrift und gehören ihrer langen und schlanken Form nach zu den ältesten,
2. 6 zwar mit Inschriften versehen, aber ohne Angabe des Jahres, in welchem sie gegossen wurden. Von denselben stammt eine mit einem romanischen Crucifix aus dem 12. oder 13. Jahrhundert, die andern 5 stammen nach der Form ihrer Inschriften aus dem 14. oder einem spätern Jahrhundert.
3. Von den mit Inschriften und Jahresangaben versehenen stammen:

   1 aus dem 14. Jahrhundert.
   8 „ „ 15. „
  11 „ „ 16. „
  13 „ „ 17. „
  37 „ „ 18. „
  70 „ „ 19. „
  152 in Summa.

Die grössten Glocken darunter sind die zu Sondershausen mit 1,75 und die zu Greussen mit 1,56 m unterem Durchmesser; von den Dörfern hat Berka die grösste Glocke mit 1,35 und Jechaburg die kleinste mit 0,26 m unterem Durchmesser.

Von den 50 Ortschaften der Unterherrschaft haben

5 (Sondershausen, Greussen, Gr. Ehrich, Clingen und
   Ebeleben) . . . . je 4 Glocken = 20
40 . . . . „ 3 „ = 120
 5 und die St. Cruciskirche zu Sondershausen . . . „ 2 „ = 12

50 Ortschaften   152 Glocken

Glockengiesser.

Branhoff, Joh. Heinr., Nordhausen, 1742—1754.
Branhoff, Joh. Wilh., Nordhausen, 1771—1783.
Braun, Mühlhausen u Wasserthaleben, 1810 - 1823.
Geyer, Hans Wolf, Erfurt, 1673.
Geyer, Adam Wilh., Nordhausen, 1694.
Geyer, Joh. Christoph. Erfurt, 1705—1718.
Geyer, Joh Arnold, Nordhausen, 1730—1748.
Guntzle, Lorentz u Herman Konigk, 1597.
Hahn, Paul Hiob, Gotha, 1727—1739.
Heintzen, Martin, Leipzig, 1731.
Koch, Joh. Lorenz, Mühlhausen, 1776—1802.
Koch, E. Christoph, Mühlhausen, 1818—1827.
Konigk, Herman, vergl. Guntzle.
Küchgen, Eckhart, Erfurt, 1562 u. 1572.
Meyer, Robert, Ohrdruf, 1836.
Millener, Veit Niclas, 1600.
Mos, Paul, 1512.

Möhringk, Hieronymus, Erfurt, 1610.
Möringk, Hans Melchior, Erfurt, 1619.
Poppe, Jacob, Erfurt, 1704.
Ransch, Joh. Heinr., Erfurt, 1685 und 1686.
Rumpel, E. Christoph, Mühlhausen, 1844—1866.
See, Joh. Friedr., Creutzburg, 1827—1832.
Sorber, Niclas Jonas, Erfurt, 1709 u. 1718.
Sorge, Benjamin, Erfurt, 1841—1861.
Ulrich, Gebr., u. Nachfolger, Apolda u. Laucha, 1774 - 1845.
Ulrich, Joh. Georg u. Joh. Gottfr. u. Nachfolger, Apolda, 1623 u. 1776.
Ulrich, Constantin, Hirschfeld, 1730.
Ulrich, Carl Friedr., Apolda, 1854—1883.
Ulrich, Joh. Heinr., Laucha, 1837—1844.
Ulrich, Georg Friedr., Apolda, 1871.
Weber, Caspar, Sondershausen, 1626—1636.

Fr. Aug. Eupel, Hofbuchdruckerei, Sondershausen.